静岡

次

静新新書
039

はじめに

本書は平成二十二年一月から『静岡新聞』にて毎週月曜日に連載した「皇室と静岡」（全二十回）に加筆し、再構成したものである。

私が「皇室と静岡」の連載を書こうとしたきっかけは、浩宮（現皇太子徳仁親王、浩宮は幼名）が毎年のように奥浜名湖で泳いでいたのを知ったことにある。しかも浩宮のみならず、父母である現天皇皇后や、弟の礼宮（秋篠宮文仁親王）、妹の紀宮（黒田清子）らも一緒に来て夏のバカンスを楽しんだというのである。

現天皇一家にこうした私生活があったことは、私には新鮮な驚きだった。天皇や皇族など皇室の人びとが那須や葉山や須崎の御用邸で静養していたことや、国民体育大会や植樹祭などで全国各地に出かけていたことは、よく聞いていた。が、御用邸でもない民間の場所で一家が数日をともに過ごしていたというのは初耳だった。

この奥浜名湖での一家のバカンスについて調べていくと、現天皇一家のみならず明治から昭和までの三代の天皇や皇室と、静岡との関わりの深さが次々とわかっていった。場所も奥浜名湖のみならず、遠江、駿河、伊豆のそれぞれの地域が皇室と様々な形でつながっていたことも見えてきた。

私は古い新聞や書籍の情報を集めるばかりではなく、現地で関係者の方々に会って話も聞いた。多くの方々が好意的で、体験談を語ってくれたり、写真を見せてくれたりした。天皇や皇族を個人的に至近距離で撮った写真をアルバムにしている人も少なくなく、皇室と現地の人びととの関わりの親密さを感じさせられた。

奥浜名湖のほかにも、浜松、金谷、島田、静岡、興津、由比、富士、御殿場、沼津、三島、熱海、須崎など県内各地の関係者をさがして訪ねた。また、県外の湯河原、箱根にも足を延ばした。話が明治や大正など古い時代におよぶと、先祖から聞いたことを教えてくれたり、遺品などを手にとらせてくれたりした。

こうした関係者の方々からうかがった話やいただいた史料などを整理してその一部を『静岡新聞』で連載したが、書ききれなかった部分をさらに加筆してまとめて本書となった。新聞連載と同様に、本書も読みやすさを心がけたので、学術書よりはややくだけた文章になっている。しかし、私のいままでの皇室研究の成果を踏まえ、かつ従来の私の研究視野にはなかった地域と皇室との関係をとりいれたという意味で、内容自体はより高度な学術書になっていると思う。本書で引用したインタビュー記録や歴史資料などは、今後のさらなる活用が期待できよう。

以下、明治以後の皇室と静岡の具体的な関わり方を知っていただければと思う。

目次

Ⅰ　プリンス岬

1　奥浜名湖の夏

浩宮の来県　「須崎御用邸じゃないんですね」「ええ」。「沼津御用邸でもない」「はい」。浩宮が、しばしば奥浜名湖に来ていたというのだ。

主に昭和四十二年（一九六七）から昭和四十七年の六年間のことであり、その後も昭和五十二年と翌五十三年に来ている。浩宮が満七歳から十八歳の時であった。

「よくテレビのニュースで見ましたよ。でも、何をしているのかはわかりませんでしたが」。「泳いだそうですね」。「毎年、よく来るなあと思っていました」。浩宮が奥浜名湖に来ていたことを、多くの県民は、半ば常識として知っていた。

昭和の終わりまでの浩宮の来県歴は、表1になる。確かに浩宮は昭和四十二年から毎年のように奥浜名湖に来ていた。

広がる疑問　「どうやって来たのでしょうね」「さあ」。「なんで奥浜名湖だったんですか」「さあ」。「どうして今は来ないのですか」「さあ」。いくつかの素朴な疑問を身近な人に

表１　昭和期における浩宮（徳仁親王）の主な来県歴

昭和	西暦	月	主要事項	主な地域	満年齢
37	1962	8	第３回日本ジャンボリー大会（国立中央青年の家）	御殿場市	2
42	1967	11	「ひとり旅」、大草山展望、中村服部養鼈場、河合楽器舞阪工場	細江町・浜松市	7
43	1968	8	奥浜名湖で遊泳	細江町	8
44	1969	7	奥浜名湖で遊泳、登呂遺跡、浜名湖漁協鷲津市場	細江町・静岡市	9
45	1970	5	登呂遺跡、日本平、久能山、三保の松原	静岡市	10
		7	奥浜名湖で遊泳、浜名湖漁協魚市場、新居関所跡、県水産試験場	細江町・浜松市	
46	1971	8	学習院沼津遊泳場	沼津市	11
		同	奥浜名湖で遊泳	細江町	
47	1972	7	奥浜名湖で遊泳	細江町	12
		8	学習院沼津遊泳場	沼津市	
		10	県富士養鱒場、白糸の滝	富士宮市	
50	1975	7	学習院沼津遊泳場	沼津市	15
52	1977	7	奥浜名湖で遊泳、細江神社祇園祭	細江町	17
53	1978	8	奥浜名湖で遊泳、西気賀小キャンプファイアー	細江町	18
		同	第７回日本ジャンボリー大会（国立中央青年の家）	御殿場市	
54	1979	7	須崎御用邸附属邸で静養、天城山縦走	下田市・伊豆市	19
55	1980	9	伊豆山神社、宇佐美城、修善寺、江川邸、三嶋大社	熱海市・伊豆市・三島市	20
56	1981	8	大福寺、初生衣神社、相良平田寺	三ヶ日町・牧之原市	21
		9	日本平、久能山東照宮、臨済寺、登呂遺跡、富士宮浅間神社	静岡市・富士宮市	
57	1982	7	須崎御用邸附属邸で静養、石廊崎、南伊豆農場	下田市・南伊豆町	22
61	1986	8	南アルプス登山	静岡市	26
62	1987	8	第５回日本アグーナリー（国立中央青年の家）	御殿場市	27
63	1988	7	第２回シニアボーイスカウト（日本ベンチャー）大会	富士宮市	28
		8	富士山登山（須走口）	小山町	

＊浩宮は昭和35年（1960）2月23日生まれ　『静岡新聞』より作成

ぶつけたが、誰も明快な答えを持たなかった。

少年時代の浩宮が毎年訪れた奥浜名湖の宿泊先が「五味半島」にあったことは、多くの人が知っていた。引佐《いなさ》郡細江町（現・浜松市北区細江町）の西気賀《にしきが》にある小さな半島で、その尖端に平野社団の別荘があり、そこに滞在したという。

「平野社団は、静岡銀行の基礎を作った平野又十郎さんのところですよ」と教わった。しかし、「どうして、浩宮が平野社団の別荘に？」と疑問はさらに増えた。

五味半島の付け根に国道三六二号線が走り、それを横断すると天浜線（天竜浜名湖鉄道）の西気賀駅がある。別荘から歩いていける距離である。「天浜線で行ったのですか？」「じゃあ天浜線はどこから乗ったのです？」。天浜線がＪＲに接続するのは掛川駅か新所原《しんじょはら》駅だが、どちらも乗り換えに不便な気がした。

「車だったようですよ」と言う人もいた。「東名高速で行ったのですかね。三ケ日インターで降りたのでしょうか？」。東名の静岡・岡崎間は昭和四十四年開通だから、最初の年は東名ではいけなかったろう。小さな疑問が、次々と広がった。

五味半島近くの浜松市北区役所に聞いてみた。かつての細江町役場である。こちらの趣旨を話すと丁寧に応対してくれ、浜松市北区役所細江地域自治センター発行の「第四十回　献上みかん事業について」という記事をファックスしてくれた。

献上みかん　ファックスされた記事には、平成二十一年（二〇〇九）一月九日に、気賀関所跡の西側にある田園空間総合案内所で第四十回献上ミカン審査会が開かれ、選ばれた温州ミカン一〇キロと白柳ネーブル三キロが、天皇皇后、皇太子夫妻、秋篠宮夫妻に、それぞれ一箱ずつ献上されたとあった。鈴木康友浜松市長と生産者代表が、宮内庁および東宮邸、秋篠宮邸に持参したというのだ。

この温州みかんと白柳ネーブルの献上は、昭和四十二年（一九六七）に浩宮が社会科の勉強として細江町農協の選果場を視察し、さらに翌年に当時の皇太子一家（現・天皇家）が同地に静養に来たことがきっかけとなり行われるようになった。みかんは昭和四十四年から、ネーブルは昭和五十七年から続いている。

『読売新聞』の平成十六年（二〇〇四）一月二十日付には、「細江で献上みかんの箱詰め作業」のタイトルで、「皇室に献上される細江町産の温州みかんとネーブルの箱詰めが十九日、細江町役場で行われた。二十一日に伊東真英町長らが宮内庁などを訪れ、献上する」の記事が載っている。「審査会で選ばれたのは、同町三和の内山義光さん（55）の温州みかんと、同町気賀の名倉隆さん（77）の白柳ネーブル。二人とも選ばれるのは四回目」とある。

翌平成十七年一月二十二日の『読売新聞』にも、「皇室献上みかんネーブルを箱詰め　細江町役場で」と題して、「最優秀賞に輝いた同町中川、野沢孝之さん（48）の温州みかんと、同町気賀の菅沼雄一郎さん（61）の白柳ネーブルを贈る」とある。

細江町は当時は引佐郡細江町で、平成十七年七月十一日に周辺地域と編入合併して現在は浜松市北区細江町となった。

献上品として選ばれたみかんとネーブルは、町と地元農協の女子職員が一つ一つ手にとって丁寧に布でふき、紙に包んで箱につめる。みかんは一〇キロ、ネーブルは三キロであると、記事は伝える。毎年、同じように贈っていたのだ。平成十七年にはじめて選ばれた菅沼さんは「甘みと酸味のバランスがよく、自慢のネーブルです」と語った。献上品の選定は、品質向上にもつながっていた。

静岡の主な献上品　静岡県では細江町のみかんやネーブルのほかにも、いくつか皇室へ献上した例がある。表2は昭和から平成に代替わりする時期の、静岡での主な献上品に関する新聞記事をまとめたものである。由比町のビワ、富士宮市白糸の米、熱海市の紅梅と白梅、森町の柿、焼津市の鰹節のほか、茶は静岡、島田、菊川、御殿場、小山などの各市町村から献上された。現天皇の新嘗祭《にいなめさい》では、島田市の米や天竜市の粟《あわ》なども献上されている（市町村

表２　主な献上品の記事一覧

和暦	西暦	月	日	記事の見出し	献上品	献上市町村
昭和 63	1988	5	9	陛下に初夏の香りを、17 年ぶり	島田茶	島田市
		6	17	由比町特産ビワを須崎でご静養の	ビワ	由比町
		9	27	富士宮市白糸で献上米刈り取り	米	富士宮市白糸
		12	14	熱海梅園から切り出した紅梅、白梅	紅梅・白梅	熱海市
昭和 64・平成 1	1989	1	21	崩御に伴い、献上ミカン辞退、細江町	ミカン	細江町
		3	10	須崎御用邸のヒメシャラを武蔵野陵へ	ヒメシャラ	下田市
		5	19	静岡茶手揉保存会、今年は静岡市産	新茶	静岡市
		9	22	島田市、新嘗祭の献穀米刈り取り	米	島田市
		10	6	天竜市、新嘗祭のあわ献穀	あわ	天竜市
		10	25	森町の献上柿	柿	森町
		11	7	焼津市で献上カツオ節の箱詰め	鰹節	焼津市
		12	21	熱海市が紅梅、白梅を誕生祝いに	紅梅・白梅	熱海市
平成 2	1990	1	31	細江町で献上ミカン、ネーブル	ミカン・ネーブル	細江町
		4	17	17 年ぶりに献上茶謹製、菊川町	茶	菊川町
		7	5	御殿場と小山町の農家が来年献上	茶	御殿場市・小山町
		10	23	今年も次郎柿を献上、森町	柿	森町

献上市町村は旧名　『静岡新聞』より作成

は旧名）。

細江町のみかんとネーブルは、昭和天皇崩御の際に自粛した以外は毎年必ず献上され続け、同一地域の同一品としては焼津市の鰹節、森町の次郎柿とならぶものとなっている。柑橘類の産地でもある静岡県がみかんやネーブルを献上することは、とくに不思議ではない。が、近隣の三ケ日みかんも有名なだけに、細江町と皇室との縁をあらためて意識させられる。

残る記録と映像

『静岡

昭和44年5月23日登呂遺跡を視察された天皇陛下と浩宮さま（中央）　静岡市駿河区の登呂博物館

新聞』や旧細江町役場発行の広報『ほそえ』には、当時の皇太子一家が来県した記事や写真が多く載っている。また、浜松市は来県のたびに皇太子一家の映像を撮った。映像には、ありし日の皇太子一家の姿のみならず、天浜線を走るＳＬや工事中の東名高速浜名湖橋などもあり高度成長時代の雰囲気が残る。

　これらの記録から、はじめ浩宮が単身で来県し細江町気賀の呉石でみかん狩りなどをしたこと、翌年から皇太子一家が来遊し西気賀別荘に滞在したこと、その時に別荘前で泳いだこと、和舟を漕いだこと、浜名湖沿岸の各地を見学したこと、ソフトボール大会・七夕・ホタル狩り・祇園祭など町民たちと交流したこと、などがわかる。

来県には常に「こだま」を使い、浜松駅から自動車で別荘に向かった。時には、快速艇で浜名湖を横断した。自動車で東名高速を走り静岡市の登呂遺跡まで見学にでかけたこともあった。礼宮や紀宮もやって来た。皇太子（現・天皇）の実姉で寡婦となっていた鷹司和子の姿も見える。

五味半島で当時の関係者の話を聞いて驚いた。地元の人たちは自らが撮った各種の写真をアルバムに貼り、それぞれの「家宝」としているというのだ。幾人かの人のアルバムを実際に拝見した。間近に撮った自然な表情の皇太子一家の写真が何枚もある。一家が水着で舟に乗る写真まで残っている。まさに「開かれた皇室」と地域住民との交流の記録であった。

浩宮のひとり旅　浩宮がはじめて細江町に来たのは、昭和四十二年（一九六七）十一月十六日である。社会見学のための「ひとり旅」だった。学習院初等科二年生で満七歳の浩宮は、自ら切符を握って東京駅で新幹線「こだま」に乗り、浜松駅に降りた。『静岡新聞』は「浜松駅にかわいい歓迎陣」の記事を載せ、「先週、軽いカゼをひかれたと伝えられたが、八号車から下りホームに降りられた浩宮さまはお元気そう」と伝えた。

ホームには竹山祐太郎県知事ほか浜松市助役、同市議会議長、同商工会議所会頭らが出迎えた。浩宮は軽い挨拶をして南口に出た。待合室には同学年にあたる浜松小学校二年生七十人が日の丸の小旗を振っていた。市民もつめかけ、浜松中央署員が整理する中、浩宮は車で舘山寺街道を大草山に向かった。

「ご両親のもとを離れられ、おひとりで旅行に出られるのは今度が初めて。新幹線も最初のご乗車とあって、今月初め、このご旅行計画をお聞きになって以来、大変お楽しみで、おつきの浜尾実侍従にいろいろとご質問になり、東京から新大阪までの新幹線駅名をすっかり覚えられたといわれ、列車や自動車の車中でも回りの風景に興味をもたれていたごようすだった」と、同記事にある。浩宮は新幹線のスピードが二一〇キロであることに感心したという。

ミカン狩り　学習院初等科が入学試験で休みになったのを利用しての一泊二日の旅行だった。浩宮の服装は、紺のダブルの背広、半ズボンに黒の短靴。「ひとり旅」とはいっても、侍従らはつきそった。

舘山寺に向かい、大草山の展望台から望遠鏡で浜名湖を見て、「これが浜名湖、海と続いているの」と聞いた。舘山寺からは快速艇で浜名湖を横断した。対岸の西気賀に上陸し、脱穀などの農作業を見学。同町呉石では自分で籠とハサミを持ってミカン狩りも楽しんだ。この時、「侍従のカゴは大きいネ」「くいしんぼうだなあ！」と言ったと報道された。夜は五味半島にある西気賀別荘に泊まった。同室で寝た侍従の浜尾は、浩宮が興奮して眠れない様子だったことを覚えている。

翌日、養鰻《ようまん》場、養鼈《ようべつ》場を見学した。やっとつかまえたウナギを「かわいそうだから」と池に放ったり、小さなスッポンを手づかみしたりした。河合楽器の舞阪工場で昼食をとると、屋上展望台から走る新幹線に見とれたり、ガラス窓に息を吹きかけて「へのへのもへ」と書いたりして、周囲をなごませた。楽器展示場では電気オルガンで童謡を途中まで弾いたが、大好きなバイオリンがなかったので不満そうだったという。こうして浩宮は浜松から「こだま」で帰京した。

この「ひとり旅」の運転手をつとめた県職員の大滝春雄さん（当時29）は、「時速三〇キロの安全運転に終始した」と語っている。

一家での再訪　浩宮の「ひとり旅」は映像に撮られ、皇太子夫妻（現天皇皇后）に献上された。礼儀正しい浩宮の言動を見た皇太子夫妻は、大いに喜んだ。

そして翌昭和四十三年八月五日、浩宮は父母である皇太子夫妻（現・天皇皇后）と弟の礼宮（秋篠宮文仁）とともに、再び、西気賀別荘を訪れた。浩宮は背丈のわりに少し大きめの旅行鞄を自分で持っていた。寝てしまった三歳の礼宮は美智子妃に抱かれて車を降りた。五

昭和48年、平野社団西気賀保養所前に到着した皇太子（現天皇陛下）ご一家

歳違いの兄と弟であった。午後、皇太子夫妻と浩宮、礼宮は和舟に乗って少し沖に出た。浩宮と皇太子とは湖に飛び込み、水泳を楽しんだ。浩宮父は子を守るように、子は父に応えるように泳いだ。浩宮は湖で泳ぐのは初体験で、「塩辛いや」と言った。美智子妃と礼宮は舟で見守った。家族四人の楽しいバカンスであった。

もちろん、この年の浩宮の外出は、奥浜名湖だけではない。同年三月十六日には、皇太子と新潟県苗場へスキー旅行をしていた。さらに、茨城県立養鶏試験場、ミュージカル「オリバー」見学、学習院初等科の遠足で千葉県稲毛海岸へ潮干狩り、上野国立科学博物館見学などと外出が続いた。そして八月五日に一家で奥浜名湖に来たのであった。

その後、奥浜名湖から帰京すると、九月十五日には後楽園球場で巨人対中日のナイターを観戦、十月には学習院初等科運動会、神宮球場で東京六大学の早慶戦観戦、十一月に日本武道館での聖ヘドウィヒ合唱団発表会観賞と続いた。浩宮の奥浜名湖での生活は、一年のほんの数日のことであり、ほかにも多くの外出や楽しみはあった。しかし、浩宮のみならず皇太子一家（現・天皇家）にとっても、奥浜名湖は特別な場所となっていた。

2　天皇の歌碑

五味半島　表3にあるように、昭和四十三年から昭和四十八年まで皇太子一家（現・天皇家）は毎夏、西気賀別荘に泊まり水泳を楽しんだ。その後一時中断するが、昭和五十二年と翌五十三年にも同別荘に泊まった。浩宮も昭和四十八年は林間学校のため来られなかったが、そのほかの年は家族とともに五味半島の夏を楽しんだ。地元の教員だった西気賀の伊藤隆さん（67）は、「水泳は西気賀の子たちも上手だったが、それ以上でした」と語る。

五味半島は枇杷の形をしているので、もともとは枇杷崎の名があった。枇杷から琵琶へ転じて、五音＝五味となったという。そして、皇太子一家の来訪により、いつしか「プリンス岬」と呼ばれるようになった。

表３　皇太子一家（現・天皇家）の西気賀別荘訪問

和暦		西暦	月	日	帰	訪問者	人数	主な行事	備考
昭和	42	1967	11	16	17	浩宮	1	籾摺、ミカン狩り	浩宮はじめての「ひとり旅」、浜尾実侍従と泊まる
	43	1968	8	5	10	皇太子（現・天皇）夫妻・浩宮・礼宮	4	養鼈場見学、水泳、花火	夫妻は8日に甲子園開会式に、浩宮・礼宮は養豚場
	44	1969	7	25	29	皇太子・浩宮	2	遊泳、角立て網、漁協、和舟、花火	車で登呂遺跡も見学
	45	1970	7	24	29	皇太子夫妻・浩宮・礼宮	4	遊泳、ホタル狩り	夫妻は26日に帰京、浩宮はソフトボール試合
	46	1971	8	11	14	皇太子夫妻・浩宮・礼宮・鷹司和子	5	遊泳	浩宮食中毒で遊泳できずソフトボール練習
	47	1972	7	24	28	皇太子夫妻・浩宮・礼宮・鷹司和子	5	遊泳、ホタル狩り	夫妻は小羊学園・十字の園訪問、農友会と懇談
	48	1973	7	23	25	皇太子夫妻・礼宮・紀宮	4	遊泳、ホタル狩り、養鰻場	浩宮は林間学校で来ず
	52	1977	7	15	17	皇太子夫妻・浩宮・礼宮・紀宮	5	遊泳、細江神社祇園祭	礼宮はソフトボール試合
	53	1978	8	3	8	皇太子夫妻・浩宮・礼宮・紀宮	5	キャンプファイヤー、遊泳	5日と6日はジャンボリー大会のため御殿場へ
	58	1983	8	4	5	皇太子夫妻・礼宮・紀宮	4	細江公園の歌碑、井伊谷宮宗良親王墓見学	寸座ビラに宿泊
平成	15	2003	11	9	9	皇太子徳仁親王（浩宮）・雅子妃	2	わかふじ国体参列	かつてのソフトボール仲間と懇談、日帰り
	16	2004	6	22	22	秋篠宮夫妻（礼宮・紀子妃）	2	浜名湖花博参列	日帰り

コラム① 枇杷崎の詩

「プリンス岬」の名は、田端義夫の「かえり船」の作詞者としても知られる浜名郡伊佐見村（現・浜松市西区伊左地町）出身の清水みのるが「プリンス湖岸」の詩を書いて広まった。その詩にはこうある。

むかし
枇杷崎《びわざき》と呼んだ五味《ごみ》半島の畔り
細江のプリンス湖岸は
季節の訪れをやさしく迎える

待ちかねた夏休み—
東京からかわいいお友だちが来ると
この町のよい子たちが仲よしになる

そよ風は寸座《すんざ》の沖から

すがすがしい涼しさを運び
小波は小さな背なかを丸めて
どこからともなく集まる

ギラギラと照りつける
真夏の太陽の下

犬かきが始まる
平泳ぎがそれを追いかける
背泳だったりクロールだったり

うれしさが奥浜名湖にひろがり
たのしさが半島のみどりにとけこむ

そのしぶきの中に—

浩宮さまと礼宮さまのお顔が見える
日やけしたお顔が見える

浜名湖のバラードより

ソフトボールで交流　浩宮は水泳のみならず七夕やホタル狩りなども、プリンス岬の「根元」にある西気賀小学校の同学年の児童と楽しんだ。なかでも同じ年代の児童とのソフトボール大会は、浩宮にとって楽しい行事となった。はじめ浩宮はジャイアンツのロゴの入った自分のユニフォームと野球道具を持参したが、全員のユニフォームが揃わないので西気賀小学校の「N」のロゴ入りのユニフォームに統一したという。浩宮が着用した当時のユニフォームやソフトボール大会を撮したビデオが、今も西気賀小学校に残る。

「ピッチャーは苦労したようですね。宮様にボールを当てるわけにもいかなかったのでしょう」と、当時を知る人たちは語る。「メンバーを選ぶのに、校長は苦心したようです。宮様に合わせてプレーできる技量がないといけないですから」。

ソフトボールでは、守備もした。当時の映像や写真には投打に活躍する浩宮の姿が見える。

「試合中に足を踏まれた」という「ご学友」もいた。ソフトボールの交流は浩宮が中学生にになっても続いた。プリンス岬は、浩宮の小中学生時代の思い出の地となった。

美智子妃の笑顔　美智子妃もプリンス岬の夏を楽しんだ。

東宮侍従であった浜尾実は、「陛下と美智子さまは、こぢんまりと小さいがゆえに、この別荘がお気に召されたのかもしれない」と『皇后美智子さま』の中で回想している。浜尾は昭和二十六年（一九五一）から東宮傅育《ふいく》官として今上天皇の皇太子時代の勉強相手をつとめ、昭和三十六年から四十六年までは東宮侍従として浩宮（現・皇太子）や礼宮（秋篠宮）の養育を担当していた。浩宮の「一人旅」に同行したのも浜尾であった。

浜尾は、「八畳の和室が二つ、六畳の和室が二つあるだけの木造二階建てで、実にこぢんまりとした別荘だった」と平野社団西気賀別荘の間取りを書く。

一家は、到着してうなぎの昼食をとると、さっそく別荘前の湖に和舟を出し、櫓を漕ぎ、水泳を楽しんだ。皇太子は浩宮の前になり後ろになって泳いだ。美智子妃も泳いだ。「私は、一二年もの長きにわたって美智子さまのお側にあったが、はしゃがれているといった言葉がぴったりなほど楽しそうな美智子さまをお見受けしたのは、この西気賀滞在中だけだったかもしれない」と浜尾は記す。

西気賀小学校の児童たちが浩宮を泳ぎに誘いに来た時、美智子妃は「私が子供たちの面倒をみますから」と、引率の先生たちを制して児童の世話を買って出た。美智子妃は浩宮と児童を和舟に乗せて岸を離れ、さらにモーターボートに乗り換えて湖上を疾走した。

浴衣の散歩　「ある日の夕方、浴衣を着た女性が歩いてきて、『こんばんは』と挨拶するんですね。見かけない人なので、誰なのだろうと、皆で話したところ、美智子妃殿下だったのです。お一人で散歩されていたんでしょうね、離れて警備はいたでしょうが。あまりの気さくさに皆、驚きました」と、細江中学校の先生だった菊池正實さん（63）は当時をなつかしそうに語る。

菊池さんは、生徒たちを連れて沿道で歓迎した細江中学校の先生だった。その生徒の中には別荘のすぐ傍に住んでいた者もおり、彼らが撮った写真には仲睦まじい一家の日々が残されている。地元の人たちと接している時の一家のさりげない腰の低さが印象的だ。「美智子妃殿下はおきれいでしたね」と、菊池さんは言う。映画の一場面のような美智子妃の写真が何枚もある。

無心の一家　皇太子も幸せそうだった。浜名湖には皇太子が専門に研究するハゼやクロダイが多く棲息しており、快速艇に乗って水産試験場や魚市場にも顔を出した。和舟も漕ぎ、

細江公園の天皇歌碑

地元の人たちが感心するほど上達した。「櫓が漕ぎたくて毎年来ているようにも見えました」と言う人もいる。

礼宮はやんちゃだった。動物に強い関心を持っていた。二歳のころからスッポンも豚も平気でさわった。獲ってきた蛙を保養所のプールに投げ込んだりしたという。幼かったこともあり周囲を気にせずマイペースで動き回る姿が、映像に残る。「慎重な兄と、物おじしない弟」と、浜尾は見ていた。

昭和四十四年に生まれた紀宮も無心に遊んだ。皇太子は首から提げたカメラで、そんな長女の日々を撮った。

歌碑建立　プリンス岬から浜松市北区役所方面に向かうと気賀関所跡があり、その北側は小高い山になっている。山の中腹には細江神社、頂上には細江公園がある。細江公園の展望台からは、細江の町と奥浜名湖が広がり、さらに東名高速道路の浜名湖橋の先まで見える。天気がよければ遠州灘も視野に入る。細江公園内には「遠江引佐細江の澪標《みをつくし》吾《あれ》を頼《たの》めてあさましものを」（細江の澪標のように私を信頼させておいて……）という万葉の歌や、与謝野晶子はじめ清水みのるなどの当地を詠んだ歌碑が建っている。

昭和五十八年（一九八三）八月、現天皇が皇太子時代の歌会始に詠んだ歌碑がその中心に建立された。「車窓よりはるけく望む奥浜名湖　東名の橋清《さや》かに浮かぶ」。皇太子として行啓の際に、プリンス岬の方角を見て詠んだのだ。現天皇のはじめての歌碑である。

細江町の人びとの天皇（当時は皇太子）一家への親近の情は深く、地元を見渡せる場所に歌碑を建立したのである。

遠のく滞在　もっとも、天皇皇后、東宮夫妻、秋篠宮夫妻がプリンス岬に泊まることは現在はない。表3に示したように、昭和五十三年（一九七八）八月に、当時皇太子一家であった五人（夫妻、浩宮、礼宮、紀宮）が泊まったのが最後である。昭和五十八年に浩宮を除く四人が来訪したが、プリンス岬ではなくその対岸のホテル（寸座ビラ）に泊まった。それ以後、足は遠のいた。

「なぜ、あれほど楽しまれたプリンス岬に来られなくなったのでしょうね」と、多くの人に聞いてみた。「水が汚くなったと聞いた」、「もともと泳げる場所じゃなかったね」、「宿舎が個人企業のものだから問題になったのでは」、「須崎御用邸ができたしね」、「浩宮さんが成人したからでは」、「紀宮さんには不便だったんじゃないの」。誰も明確な答えを持たなかった。

プリンス岬の別荘は今もある。周囲には釣り人が数名。岬をめぐる車道は狭く、対向車が立ち往生する。もっとも、住民や釣り人のほかにここを訪れる人はほとんどいない。

雅子妃と再訪　皇太子となった浩宮徳仁親王（厳密に言えば、浩宮は皇太子になる前に用いられた幼名）は、平成十五年（二〇〇三）十一月九日、二十五年ぶりに平野社団西気賀別荘を訪れた。静岡のわかふじ国体開会式参列のため雅子妃と来県したのであった。細江町の浜松市北区役所で、かつてのソフトボール仲間たちとも会った。その後、雅子妃を連れてなつかしのプリンス岬に向かった。

ところが、徳仁親王は到着して挨拶をすますと、そのまま勝手に邸内に入ってしまった。雅子妃は、取り残された関係者たちを気づかうように、一人一人の説明に耳を傾けながら、ゆっくりと玄関を上がった。

平成 15 年 11 月 9 日皇太子夫妻、細江町訪問

十八歳以後、足は遠のいたが、なつかしい思い出が残っていたのだろう。プリンス岬を訪れなくなって後、徳仁は皇太子となり、世の多くの期待を背負った。なかなか皇太子妃が決まらない時も、「八合目ぐらい」とユーモアのある言葉で応える余裕を見せた。男子継承者を望む声にも静かに耐えた。そんなさなかの出来事であった。一人邸内に引き込まれていった徳仁は、のびのびと自由に過ごした少年時代の自分と再会していたのかもしれない。

人格否定発言　翌平成十六年五月十日、徳仁は雅子妃に対する「人格否定発言」で世間を驚かす。いわゆる「浩宮の乱」である。皇太子である徳仁は記者会見での場で、「雅子のキャリアや人格を否定するような動きがあったことも事実です」と側近を公然と批判した。こうした徳仁の前代未聞の発言に天皇皇后も心を痛めた。徳仁の侍従としてプリンス岬にも同行した浜尾実は「浩宮様は独りさびしさに沈むことも再三だった」とコメントした。西気賀別荘を雅子妃と再訪した時、徳仁の胸中にはどんな思いがあったのだろうか。

皇太子徳仁夫妻が西気賀別荘を再訪した年の翌年六月二十二日に、今度は秋篠宮夫妻が浜名湖花博の際に立ち寄った。秋篠宮夫妻は関係者や地元の人びとにきさくに語りかけて帰ったという。徳仁の「人格否定発言」のあった翌月である。

天皇、皇后、紀宮（黒田清子）の三人は、昭和五十八年に細江公園の歌碑などを見学して以後、一度も来ていない。

そもそも、一家は何故この地を選んだのだろうか。

3　姫街道

象の通った道

「象が泊まったんだ」。気賀関所跡を見学する男女の会話が耳に入った。

清国の商人が献上した象が、享保十四年（一七二九）に京都から江戸へ向かう途中、姫街道（本坂道）を通り、気賀に泊まったのだ。関所跡には小さな資料館があり、街道を通る象の絵が掲げられている。象は広南国《カンナムこく》、つまり現在のベトナム中部にあった王朝から来た。はじめ雌雄二頭であったが、雌は長崎で死んでしまった。雄は京都の中御門天皇と霊元上皇が見た後、将軍徳川吉宗の江戸へと下ったのであった。

象のため「道の小石を取りのぞけ」「渡船所は馬五匹程度の船を用意せよ」などの先触れがあった。東海道を御油《ごゆ》宿まで下ってきた象は、東海道から分かれて姫街道に入り、本坂峠を越え、三ヶ日宿を通り、気賀に泊まった。五月九日であった。途中の引佐峠には、「象鳴き坂」の名が今も残る。象は外洋に面した東海道本道の今切《いまぎれ》の渡しは通らなかったのだ。

その後、象は浜松宿で東海道に合流し、大井川は、人足らが腕を組んで人垣を作り川の流れをせき止め、そこを渡らせた。箱根の坂を上るのに難儀して、酒を飲ませた。江戸に着いた象は、無事に将軍吉宗と「対面」。浜御殿（現・浜離宮恩賜庭園）で飼育された。しかし飼育費などがかさんだこともあって、中野村の源助に払い下げられ見世物となり、寛保二年（一七四二）に病死した。二十一歳だった。象と人間の年齢はほぼ同じといわれるので、過酷な環境での早世だったともいえる。

気賀に泊まった象　石坂昌三『象の旅』には、姫街道を行く象の姿が丁寧に描かれている。「姫街道の三ヶ日には『象鳴き坂』という地名がある。あまりきつい坂なので象が啼いたということから名付けられたのだが、長崎から江戸まで歩いた『享保の象』の痕跡を留める唯一の地名である」と石坂は記す。

同書によれば、気賀の中村与大夫本陣に入った象は特設の象小屋に泊まった。しかし雨のため二日逗留した。気賀の東側に浜名湖に注ぐ都田川（落合川）が流れており、落合の渡しがあった。落合の渡しは、ふだんは農民所有の舟一艘だけで渡しを行っていた。そして大名や姫様が通行する時は気賀の百姓らが作業舟を出し、さらに近隣から舟を借り受けて、滞りがないようにしたという。

気賀では、象舟を造って渡すことにした。馬舟を二艘つなぎ、馬五頭を乗せて対岸から綱で引く練習が繰り返され、準備は整っていた。五月十日、雨が止むと象は都田川に向かった。しかし、象を舟に乗せると舟は大きく傾き、象はずるずると川に落ちてしまった。懸命に泳ぐ象の綱を引いて岸にもどした。結局、象は都田川と井伊谷川の合流地点までさかのぼって、それぞれの川の浅瀬をさがして歩いて渡った。現在、県道二六一号線が都田川を渡る落合橋よりやや上流のあたりである。

その後、象は姫街道を三方原追分《おいわけ》まで行き、そこから南下して浜松城を見あげながら浜松宿に入った。浜松で象がどこに泊まったかは不明だという。

姫様道中　象の通った姫街道は、多くの大名や門跡らも往来した。その名の通り姫も多かった。

象が通る十一年前の享保三年（一七一八）には八代将軍徳川吉宗の生母である浄円院が大行列で紀州から江戸に向かったのだが、当時の食事などの記録が今も残る。浄円院は四月十九日に気賀に入るが、中村与大夫本陣では家を修理して畳を入れ替えた。落合の渡しは、新《あら》居《い》湊から大型の舟を借りてお召し舟とした。数百名のお供は特設した舟橋を渡った。

江戸後期には、宮家や公家の往来が増えた。文政四年（一八二一）以後だけでも、四親王家の伏見宮、有栖川宮、閑院宮、五摂家の鷹司、近衛ら名門家の姫たちが通過している。勤皇派尾張家の往来も多かった。紀州家正室で伏見宮家出身の倫宮の宿泊記録もある。

今も細江町では、往時を再現して四月の桜の季節に姫様道中が行われる。第一回目は昭和二十七年四月四、五日に「桜まつり　姫様道中」として行われた。平成二十二年（二〇一〇）四月に第五十九回を迎えた。一〇〇名以上におよぶ大行列で、姫様の前を複数の露払侍、毛槍奴、箱持奴、家老、警護侍、腰元らが歩き、姫様の後を大傘持奴、上臈《じょうろう》、小粧《こしょう》、典医、茶坊主、駕籠奴、腰元、長持奴、供侍、槍持らが、気賀関所跡や桜舞う都田川堤桜並木などを練り歩くのである。姫様役は手踊りの練習に参加している女性の中から、実行委員会委員の投票で選ばれるという。

細江町観光協会が観光事業として企画運営しているものだが、皇太子一家（現・天皇家）が桜の季節に細江町に来たことはない。

気賀周辺の名所　気賀周辺の姫街道には名所がいくつかある。たとえば西から来ると本坂峠を越えて「椿の原生林」を経たあたりに「鏡岩」がある。大きな平らな面のある岩で、街道を通る姫様が姿を写してみなりを整えたという伝承が残る。

「本坂関所跡」、「三ヶ日宿本陣跡」、江戸時代に三ヶ日町北部一帯を支配した「旗本大谷近藤家陣屋跡」などを過ぎると、行き倒れの人を葬ったとされる「六部様《ろくぶ》」がある。またその先には「石投げ岩」があり、引佐峠の上り下りの際にこの岩に石を投げて道中の無事を祈ったとされる。「六部様」も「石投げ岩」も、当時の街道の困難さを思わせる。そして「象鳴き坂」を過ぎて、「姫岩」になる。「姫岩」は姫街道を往来する大名や姫様に、近藤家の家臣が湯茶の接待をした場所といわれる。

琵琶湖を掘った土を運んで富士山を作ったという「ダイダラボッチの足跡」を過ぎて「気賀関所跡」になる。関所の手前には「犬くぐり道」がある。道の途中に筵《むしろ》を一枚垂らして犬だけがくぐれるようにしたのだが、関所近くに住む住民たちの往来の便をはかったのであった。住民たちも関所を通るには通行手形が必要であったが、あまりに不便なので関所の裏道をつくり、立って歩く人間ではなく犬がくぐるのはかまわないとしたのである。もっとも、これらの旧跡に皇太子一家が出向いた記録はない。

細江神社の祇園祭　皇太子一家が気賀地域の行事や名所ではじめて関わったのは昭和五十二年（一九七七）、細江神社の祇園祭であろう。

細江神社は「素戔嗚尊《すさのおのみこと》」を祭神とする。夏の疫病退散を祈願する祇園祭は全国にあるが、細江神社の祭りは独特である。神輿を乗せた舟と、それに従う巫女神楽、鷹匠、ご神宝、青年の出引き屋台とを乗せた各舟が、祇園囃子の中、都田川を下りつつ細江湖（奥浜名湖の五味半島から寸座方面）を一周するのだ。夕方に西気賀に上陸し、それぞれの提灯に明かりをつけて細江神社の本殿にもどすという。

その由来は、『細江神社誌』によれば、明応七年（一四九八）八月の大地震で外海に注いでいた浜名川が埋まり、かわりに新しい口（今切口）が開いて海水が入り細江まで津波が押し寄せ、その際に浜名湖河口の新居（荒井）に祭られていた「角避比古神社《つのさくひこのかみのやしろ》」のご神体も流れてきたとされる。この漂着したご神体が気賀の牛頭天王《ごずてんのう》社として祭られ、それが神輿の舟渡御となった。笛や太鼓を鳴らしながら渡河する風景が、地元の夏の訪れをつげる。

皇太子と浩宮は袴と草履で祭りを見物した。美智子妃も礼宮も紀宮も質素な普段着だった。細江町気賀の住民は祇園祭には必ず参加した。他所から越してきた人間も、数年住めば参加するようにいわれた。他所に出た者も祭りには帰ってきた。皇太子一家も毎年岬に滞在した縁で参列したのだろう。

井伊谷宮　姫街道からはやや離れるが、プリンス岬から車で二十分ほどの北東の山側、細江町と接する引佐町井伊谷《いいのや》に後醍醐天皇の四男とされる宗良親王を祀る井伊谷宮がある。現在も七五三などで賑わう。

宗良親王は鎌倉幕府倒壊後の建武新政開始により天台座主となったが、建武新政が崩れて南北朝の対立が本格化すると還俗するなど、波乱の生涯だった。南朝方として伊勢から陸奥へ渡ろうとした際に座礁し、遠江国井伊谷の豪族である井伊道政のもとに身を寄せたことで、当地とつながった。

その後、井伊谷城が落城すると、越後、越中、信濃などを転戦した。宗良親王の終焉の地は定かではないが、井伊谷説もある。それで明治五年に井伊家によって井伊谷宮が建てられ、親王の墓が置かれた。

「井伊家なので、井伊谷宮は徳川方と思っていました」という人も少なくない。確かに、維新後に井伊谷宮を建てた井伊直憲《なおのり》は安政の大獄で有名な大老井伊直弼の次男であるが、正室は有栖川幟仁《たかひと》親王の三女宜子《よしこ》で、戊辰戦争で官軍の東征大総督となった有栖川宮熾仁《たるひと》親王の妹にあたる。父直弼の死後は失地と名誉の回復に努め、戊辰戦争では官軍側についた。彦根藩知事となり、伯爵も授かって新政府に貢献したのである。そして、井伊谷宮も新政府により官幣中社という高い格式を得た。

昭和五十八年、浩宮をのぞく皇太子一家は細江公園の歌碑を見学し、この井伊谷宮の宗良親王の墓も参拝した。その記念碑も社内にある。

井伊谷宮のＨＰには、「当宮は、明治五年に明治天皇の思し召しにより御鎮座、翌明治六年に静岡県でも数少ない官幣社（井伊谷宮は官幣中社）という格式の高い神社となりました。以来、昭和五年には昭和天皇が御親拝になり、さらに昭和五十八年には現在の天皇皇后両陛下がご参拝されるなど、皇室とも大変に関係の深い神社であります」とある。

が、浩宮は井伊谷宮には結局行っていない。当時の皇太子一家にとって、西気賀は夏のリゾート地であり、とりわけ浩宮にとっては水泳やソフトボールの地であった。

4　遠州報国隊

山本金木　なぜ、皇太子一家（現・天皇家）は、奥浜名湖に来たのか。幾人かの人に聞いてみた。「あのあたりの神官は、幕末に朝廷側についた」と、静岡大学教授で静岡近代史研究会会長の荒川章二さん（57）は指摘する。

それは遠州報国隊である。遠州報国隊は隊長となった山本金木《かねぎ》ら地域の神官を中心とし、有栖川宮熾仁親王の江戸攻略に参加した。

背景には、江戸時代に全国でもっとも盛んといわれた遠州の国学がある。京都伏見稲荷大社の神官である荷田春満《かだのあずままろ》の復古神道を祖とし、遠江の禰宜《ねぎ》の子である賀茂真淵《かものまぶち》につながっている。遠州の国学は、神官を中心とした地方の有力者たちの歌会によって広まった。歌会では国学を学び究めるのみならず、疲弊する幕政への不満や意見交換もなされた。この営みが遠州報国隊結成につながった。その隊長が真淵の末裔である山本金木であった。

山本は文政九年（一八二六）に遠江国浜名郡雄踏《ゆうとう》町（現・浜松市西区雄踏町）に生まれた。宇布見《うぶみ》村金山神社神主の賀茂鞆音（賀茂日向）の長男であったが、十五歳の時に引佐町の八幡宮神官の山本家を継いだ。歌道に優れ、遠州西遠地方では「歌の山本」と称された。

神官らの活躍　慶応四年（一八六八）一月三日、鳥羽伏見の戦いの報が入ると、国学を介して同志的結束を固めていた遠州地方の神官たちは、官軍側につくために浜松から京都に向かった。なかでも桑原真清（国学者・津毛利《つもり》神社神主）、大久保初太郎（磐田郡見附の遠江淡海国魂神社神職）の動きがめだった。

桑原と大久保は、桑名に着いた官軍の一団と会い、軍資金献上と総督警備隊への参加を申し出で、大総督の有栖川宮熾仁親王が到着したらば、改めて願い出るようにと言われた。これに力を得た桑原と大久保は、急ぎ帰国して遠州の神官らを中心に遠州報国隊を結成した。その数は三百人を越えた。桑原らは隊旗を定め、肩章を作り、浜松藩から武器を借り受けて調練に励んだ。

官軍が豊橋に到着すると遠州報国隊は天竜川の守衛を任されるが、従軍や随行はなかなか認められなかった。ようやく有栖川宮大総督が駿府城に入って後の三月二十一日、遠州報国隊の官軍従軍が許可された。

八十七人が錦の肩章をもらい、富士川警衛と有栖川宮大総督江戸進軍の従軍を命ぜられた。四月二十九日、有栖川宮に従って遠州報国隊も江戸城西の丸に入り、二重橋外旧老中邸を拠点として江戸城諸門の守備にあたった。また、隊員より選抜して有栖川宮を警衛する「御守備大砲隊」も編成した。

その後、遠州報国隊は上野寛永寺で彰義隊と戦ったり、明治天皇を奉迎する有栖川宮の警護をしたりした。

沢木近江の従軍日記　遠州報国隊員の最高齢六十歳の沢木近江も、プリンス岬からほど近い天主社（細江神社）の神官であった。沢木は従軍中に日記帳と矢立てを持ち歩き、遠州報国隊の江戸城警備の様子などを綴った。日記にはこうある。

吹上の御警衛被仰付、籏本十三頭御家人都合四百余人、鎗、鉄砲持参、板橋に畳をつみおしとめ戦争に及、鎗、鉄砲皆々文取［分捕］致し報国隊預り候事

その他、「天子様（明治天皇）」の氷川行幸や、徳川亀之助（後の徳川家達）の石高を百五十万石にする嘆願なども耳に入っていた。「徳川亀之助嘆願難相叶御重役之者共右之高不足に有之候はゞ勝手次第町人百姓又は浪人に成共可相成御沙汰と有之候」とある。七十万石で不足なら、町人でも百姓でも浪人でも勝手になれと言われていたのである。

慶応四年（一八六八）六月二日付の日記には、隊員の大久保初太郎が祭主となって旧江戸城内の西の丸大広間で戦没者を祀ったことが記され、赤飯、鯉、アヒルなどを備えて、有栖

川宮熾仁や諸藩隊長の列席のもと桑原真清が奉幣を捧げ、大久保初太郎が祝詞を上げて招魂祭を行ったとある。

この時に祭主をつとめた大久保家は代々、遠江淡海国玉神社の神職であった。初太郎は、維新後に陸軍大将となり、日露戦争の功績で男爵となる。初太郎はむしろ大久保春野の名で知られる。春野は川村光野を養子にした。光野の祖父は海軍大将川村純義で、昭和天皇と秩父宮の養育掛であった。川村家の別荘は川村の死後、沼津御用邸西附属邸（現・沼津御用邸記念公園西附属邸）となった。

維新後の天皇家と遠州報国隊員とのゆかりは深い。

静岡の草莽隊　維新期に官軍側についた神官の草莽隊（幕末期に自らの費用で結成した在野の集団）には、静岡では遠州報国隊のほか駿州赤心隊、豆州伊吹隊などがあった。彼らはそれぞれ戊辰戦争で活躍し、一段落して有栖川宮熾仁が京都に帰ると、隊は解散した。

戦勝者であったが、帰郷した隊員への風当たりは強かった。なかでも静岡藩領となった遠江と駿河では、徳川宗家を継いだ田安亀之助（徳川家達）が藩主に任ぜられていたため、草莽隊員たちは主君へ反逆行為をとったとして報復行為を受けた。たとえば、遠州報国隊員の一人であった永井直光（諏訪社社家）は襲撃された。駿府に近い駿州赤心隊はより悲惨で、太田健太郎（御穂神社神主）が殺され、森斎宮（草薙神社神主）は重傷を負った。駿州赤心隊の富士亦八郎隊長は、こうした危険な状況のため帰郷できなかった。

戊辰戦争で草莽隊を率い、日本陸軍の創始者ともいわれる大村益次郎は、この事態を知ってかつての遠州報国隊員らを東京に呼び戻し、招魂社の社司にした。旧隊員たちの中で賛否両論があったが、三十一人が社司となった。その後、四人は社司を続け、ほかは官吏になったり、帰郷したり、東京で生業についたり、様々な道を選んだ。

大久保春野もそのひとりで、陸軍幼年学校に入って戦功を重ね、薩長閥以外で最初の大将となった。この間、大村益次郎は明治二年（一八六九）に刺された傷が悪化して死去、招魂社は明治十二年に靖国神社となった。

その他、遠州報国隊隊長だった山本金木の弟の賀茂水穂は、遠州報国隊解散後に海軍省出仕となり佐賀の乱に従軍した。そして明治二十四年から明治四十二年まで靖国神社の二代目宮司をつとめた。

山本金木自身は「不移住」を唱えて地元に残った。明治五年に官幣中社となった井伊谷宮の権宮司となり、明治三十九年に井伊谷にて八十一年の生涯を終えた。

尊皇か佐幕か　静岡の尊皇思想と地域との関係は複雑だ。そもそも、草莽隊の動機は単なる尊皇思想のみではないという説もある。隊員に神官が多かったが、少数ながら茶商人や郷士もふくまれており、彼らは幕末の政治に対する不満があったという。茶商人の場合は開港後の流通機構から疎外されたこと、郷士の場合はその特権が否定されて百姓化されたことなどが、倒幕のエネルギーになったとされる。

また、駿州赤心隊隊長の富士亦八郎などは、国学の文弱さを批判し、むしろ海防に関心を持ち、言論自由の保障こそが新時代に必要と考えて、倒幕による時代変革を意図したといわれる。

豆州伊吹隊の中心的存在であった矢田部式部なども、東征軍による江戸の荒廃を望んではいなかったが、伊豆一円の氏子としての取締権の復活を求めて立ち上がったという。

遠州報国隊でも神職相続や神葬祭実現などを求めていたとされる。つまりはたんなる尊皇復古思想というよりも、時代性をともなった利権や理想がらみの選択であったというわけだ。

「『尊皇か佐幕か』というよりも、権力者が誰であれ、誰が自分たちを守ってくれるかというのが静岡なんじゃないでしょうか」と、ある人はいう。「古来、支配者が様々に代わったので、権力者への順応能力が高いように思えますね」、「同じ徳川でも水戸の直情径行型の尊皇思想とは違う気がします」とも。

県民気質を定式化するのは危ないけれど、長い年月培ってきた権力との関係の持ち方には、それなりの地域性があるのかもしれない。

維新後に強大な権力者となり敗戦でその姿を変えた天皇家を、井伊谷や細江の人びとはどのような心で見ていたのだろうか。また天皇家自身は、尊皇の歴史が深い井伊谷宮や細江神社をどのように思っていたのだろうか。

平成元年（一九八九）二月二十四日、雨の中、昭和天皇の大喪の礼が行われた。井伊谷宮からは宮司が東京の大喪の礼に参列した。地元では井伊谷宮崇敬会会長や引佐町長、町議員ら約一三〇名が井伊谷宮に参集して、「葬場殿の儀」に合わせて玉串をささげた。細江神社、浜名惣社神明宮、三ヶ日町の都築神社では遙拝式が行われた。引佐町奥山の臨済宗大本山方広寺では本山をあげて法要を営んだ。JR浜松駅では正午ちょうどに出札係など営業部門を除く事務職員が黙祷を捧げて弔意を表した、と当時の『静岡新聞』は報じている。

5　平野又十郎と金原明善

水泳訓練

「保養所の電源は、停電しても困らないように二系統にしました」。当時、中部電力で働いていた増田弘さん（73）は語る。皇太子一家の滞在のために、それなりの準備がなされたのだ。

「プリンス岬の前の湖底に大型トラックで何台分もの砂利を撒いたんですよ。泳ぎやすくするためにね」、「プールもある時代でしたので、浜名湖で泳ぐのかと驚きました」、「もともと地元の人も泳ぐ場所じゃなかったですよ。わざわざ泳ぐためにここに来たんでしょうか」という声もあった。

当時、学習院初等科では水泳の試験があった。浩宮はその昇級のための練習をしていたというのだ。確かに、潜水や遠泳や泳法などの訓練をしている映像が多く残る。「オリンピック選手だった人が指導していたそうですよ。そういわれれば、おつきの人たちはみな体格がよかったですね」ともいう。

表1にもあるが、浩宮は当時は奥浜名湖だけでなく学習院沼津遊泳場でも泳いでいた。沼津御用邸に滞在できなくなったので、奥浜名湖で特訓していたというわけだ。

夏の鍛錬　沼津は皇太子（現・天皇）も学習院初等科時代に泳いだところだ。昭和十六年（一九四一）八月二十一日の『読売新聞』には「夏を御鍛錬の皇太子殿下」の記事があり、皇太子が沼津の海で顔だけだして泳いでいる写真が大きく掲載された。学習院初等科二年に進級した皇太子が沼津御用邸西附属邸に滞在して、規則正しい生活をしているというのであ

プリンス岬

る。五時半に起床して、「理科」や「習字」のほか、三明寺《さんみょうじ》の苗圃《びょうほ》や三津《みと》の水族館を見学したりした。「模型ヨットを御手に海水浴、御水泳の御練習、また和船にて海上の御遊覧、釣魚に興ぜられ」ともある。遊泳や和舟は、皇太子にとって思い出深いことだったのである。

　戦後の昭和二十一年にも皇太子は沼津御用邸に滞在して泳いでいる。「海岸の浜辺で颯爽とウオーミング・アップののち穂積［重遠］侍従以下五名らと共に海水浴に楽しいひとときを過ごされた」と、『読売新聞』は伝えた。

　だが、皇太子は父である昭和天皇と一緒には泳いでいない。皇太子は、少年時代の自らの水泳体験を長男の浩宮に受けつがせると同時に、父子で泳ぐ経験をともにしたかったのかもしれない。

平野社団　皇太子一家が泊まった別荘が平野又十郎創設の平野社団所有であることを重視する人は、多い。平野は、静岡県西遠地域の銀行組織を築き、現在の静岡銀行の基礎を固めた人物である。天竜川治水などに尽力した篤志家の金原明善と交流があり、植林や慈善事業、女学校創設などを行った。又十郎の日記である『平野又十郎家事要件録』によれば、浜松町利《とぎ》（現・浜松市利町）にあった本邸には、のちに大正天皇となる皇太子嘉仁が明治二十四年（一八九一）に宿泊したほか、明治から昭和戦前にかけて賀陽宮、朝香宮、東久邇宮、久邇宮、閑院宮、三笠宮、李垠などの皇族や王族が泊まったとあり、皇室とのつながりの深さがわかる。

皇太子一家の奥浜名湖滞在当時は、又十郎の子の繁太郎と孫の静雄の代になっていた。又十郎は昭和三年に亡くなっており、皇太子一家の来県を知るよしはない。しかし、繁太郎、静雄の親子が、又十郎の時代の皇室との縁により、皇太子一家を招いたことは考えられる。その時に地域の経済的発展が意識されたことはいうまでもない。

平野繁太郎は、静岡銀行頭取、全国地方銀行協会会長、静岡商工会議所会頭などをつとめるなど、静岡の経済界の重鎮として活躍した。平成五年（一九九三）二月二十三日、百一歳の大往生をとげた。繁太郎の次男の静雄も東海パルプ専務取締役、平野社団代表取締役社長などをつとめ、浜松市勢功労者でもあり、平成十一年三月二十二日に七十九歳で亡くなった。

慈善事業家・金原明善　遠州地方の郷土の偉人に金原明善がいる。数多くの伝記が残され、小中学校の社会科の副読本でもとりあげられている。とりわけ天竜川の治水と利水は、今日まで語り伝えられる大事業であった。明善はほかにも植林、北海道開拓、各種事業経営など幅広く活躍した。

明善は天保三年（一八三二）六月七日に遠江国長上郡安間村（現・浜松市東区安間町）に生まれた。遠州十三ヶ村を支配した旗本の松平筑後守の名主役を務めた家であり、明善は病気がちな父に代わり早くから地域の行政に関わった。明治元年（一八六八）には京都の維新政府民政局に天竜川治水策の建白をし、その水害防止に尽力した。三十七歳であった。明治五年には自邸を提供して小学校とした。治河協力社や水利学校も創設した。明治十年十二月には内務卿大久保利通に会見し、天竜川治水のための全財産寄付を申し出て補助金下付をとりつけた。そして、翌十一年八月には財産整理をして私財五万六千円余を治河協力社に寄付したのであった。

善行と表彰　明善の「善行」への「表彰」は数限りない。明治二年に窮民救済により静

金原明善生家

岡藩から「一代苗字帯刀」を許され、その後、浜松県、静岡県、宮内省、賞勲局、東京府、岐阜県、愛知県、山形県、岩手県、宮城県、青森県、北海道、山梨県、司法大臣などから金盃、銀盃、木盃などをもらっている。その主な「善行」は、堤防・道路・小学校などの建設費提供、地震・海嘯《かいしょう》・火災などの被災民救済の寄付などであり、出獄人保護事業への多年の功などもあった。

宮内省関係では、明治十一年十一月一日、明治天皇が浜名郡中ノ町村の治河協力社に休憩した際に、夫人の玉城とともに拝謁し、紅白縮緬各一疋（一疋は反物二反分の長さで、大人用の着物と羽織を対で仕立てられた）を拝領した。また、明治十九年には皇居造営の献金をして銀盃を下賜された。

「治民如治水」　浜松市東区安間町の明善生家は今も残る。正門の両側には当時からあったであろう松の木がある。木戸をくぐると広い庭があり、若い木に金柑が実っていた。生家の反対側に財団法人「金原治水治山財団明善記念館」がある。記念館は吹き抜けの二階建てで、冬は暖房もなく寒い。偉人でありながら質素だった明善らしい。そんな寒々とした館内で、地元の児童たちの描いた「明善さんありがとう」というたくさんの壁新聞が心をなごませる。館内には、ほかにも明善の生涯やその交友関係を示す文献や書翰などが展示されている。

皇室との関係も深く、展示品の中には、明治天皇や大正天皇からの菊紋入りの盃などの下賜品のほか、有栖川宮熾仁自製の茶器、昭憲《しょうけん》皇太后直筆の歌などがある。「治民如治水」と題した色紙には、「浅しとてせけばあふるゝ川水のこゝろやたみのこゝろなるらん」とある。これは昭憲皇太后が側近に下賜したものが明善の手に渡ったものだという。

また、宮中に仕えた税所敦子や下田歌子ら女官からの書翰もあるし、山岡鉄舟の書も掲げてある。伝記などによれば、宮内大臣だった土方久元との交流も深かったという。

なお、明善の生家は改装されてミュージアムとして再生する計画が進んでいる。記念館は取り壊されて、所蔵する約千点の資料は生家に展示されるという。

『明治天皇紀』に記された明善　明治天皇の正史である『明治天皇紀』にも明善は何度か登場している。「治水事業等の功に対し賜物」「海防費献納につき叙位」「海防事業賛助につき賜物」「位記返上」「瀬尻御料地植林の功を賞賜」などとある。明善は明治二十一年に海防費献金をして従五位を授かったが、これを返上したのである。「過当の重恩に浴するは其の志にあらず」というのが明善の理由であった。天皇は「明善の素願を容れ、位記返上を聴したまふ」と『明治天皇紀』にある。もっとも明善は、のち大正三年（一九一四）十月に正五位となり、大正七年（一九一八）九月十九日に済生会寄付により紺綬褒章を授かった。大正十二年一月十四日、東京にて永眠。従四位勲三等を授かっている。

明善記念館主事の櫻井芳夫さんが、生家と記念館に挟まれた道が旧東海道だったと教えてくれた。「どうして『善行』を重ねたのでしょうね」と聞くと、主事は「使命感からかな」と語る。旧名主として地域の発展を願ったのだという。展示品には論語などの儒学書も多く、勉強家で徳を積んできた人だとわかる。「もとは徳川側だったが」と疑問を投げかけると、「人民救済には尊皇も佐幕もなかったのでしょう」との答えが返ってきた。

平野又十郎と皇室の関係は、元をたどれば交流が深かった金原明善にいきつくかもしれない。

遠のく一家　奥浜名湖には皇太子一家（現・天皇家）の生き生きとした日々があった。皇太子は櫓を漕ぎ、ハゼの研究に熱中した。美智子妃も水着になって泳いだ。浩宮は水運を経験した。礼宮は亀や蛙など生きた小動物とふれあった。紀宮が生まれて家族も増えた。楽しい夏が続いた。皇太子（現・天皇）の姉である鷹司和子もついてきた。浜名湖で歓迎の花火大会が大々的に催された。沿道では「日の丸」の小旗が振られた。

だが、バカンスだけではすまなくなった。昭和四十七年には、地域の福祉施設を慰問した。昭和五十二年、皇太子と浩宮は袴をはいて細江神社の祇園祭に出かけた。岬は一家のプライベートの地ではなくなった。須崎御用邸もできていた。昭和五十八年、浩宮を除く四人がはじめて皇室ゆかりの井伊谷宮を訪れたが、別荘には泊まらなかった。以後、一家での来訪はない。

「別荘が個人企業の所有だったので問題になった」と元共同通信社の宮内庁記者だった高橋紘さん（68）は当時を回想する。平野社団は不動産業を中心とした一般企業であり、その別荘を御用邸のように使うわけにはいかなかったのだろう。

Ⅱ　天皇、大井川を渡る

1　天皇東幸

越すに越されぬ　江戸時代の大井川は橋がなく、渡船も禁じられていた。川を渡るには人足の肩車か、輦台によるしかなかった。水量が増えれば、川止めになった。「箱根八里は馬でも越すが、越すに越されぬ大井川」といわれたゆえんである。

もっとも、おかげで、両岸の島田と金谷の宿場町は賑わった。大名が泊まる本陣が島田と金谷にはそれぞれ三軒あり、島田は上方寄りの順に上本陣（村松家）、中本陣（大久保家）、下本陣（置塩《おしお》家）、金谷は山田本陣、佐塚本陣、柏屋本陣だった。金谷脇本陣の角屋も後に本陣に昇格したといわれる。島田の「帯祭り」など今も残る華やかな伝統芸能に、当時の宿場繁栄の歴史を見ることができる。

天皇の渡川　こうした宿場繁栄の運命を変えたはじめは、明治天皇の渡川である。千年以上も京都を出ることのなかった天皇が、旧暦の明治元年（一八六八）九月二十日、江戸に向かった。表4にあるように、静岡県域に入るのは十月一日であった。

表4　明治元年（1868）の静岡県域行幸

月	日	当時の地名	現在の地名	氏名	屋号	種類
10	1	白須賀	湖西市	大村庄左衛門		小休
		同	同	（潮観坂）		野立
		大倉戸	同	（大倉戸村）		野立
		新居	同	飯田武兵衛	本陣	昼・泊
	2	舞阪	浜松市西区	宮崎伝左衛門	本陣	小休
		坪井	同	（坪井村）		野立
		篠原	同	鈴木喜兵衛	本陣	小休
		増楽	浜松市南区	（増楽村松林）		野立
		伝馬	浜松市中区	杉浦助右衛門	本陣庄屋	昼・泊
	3	永田	浜松市東区和田町	（永田村松林）		野立
		池田	磐田市	市川伊平次	本陣	小休
		下万能	同	（五郎兵衛畑地）		野立
		見附	同	三郎右衛門	本陣	昼
		三ヶ野	同	（三ヶ野村）		野立
		袋井	袋井市	田代八郎左衛門		小休
		原川	掛川市	伊東又左衛門		小休
		掛川	同	沢野弥三左衛門	本陣	泊
	4	千羽	同	友八	和泉屋	小休
		日坂	同	片岡金左衛門		小休
		佐夜鹿	同	小泉忠左衛門	小泉屋	小休
		金谷	島田市	（金谷台）		野立
		同	同	佐塚佐次右衛門		昼
		島田	同	村松九郎次		小休
		三軒屋	藤枝市	増田太郎八	岩崎屋	小休
		藤枝	同	村松伊右衛門	本陣	泊
	5	広幡	同	（八幡社地）		野立
		岡部	同	内野九兵衛	本陣	小休
		宇津ノ谷	静岡市駿河区	石川忠左衛門	羽織屋	小休
		鞠子	同	藤波市郎右衛門	米屋	小休
		大里（弥勒）	静岡市葵区	宮崎五郎左衛門	亀屋	小休
		府中	同	小倉平左衛門	本陣	昼
		小吉田（追手）	同	稲葉源右衛門	本陣	小休
		江尻	静岡市清水区	寺尾与右衛門	本陣	泊
	6	興津	同	手塚十右衛門	本陣	小休
		倉沢（由比）	同	川島幸七	柏屋	小休

	由比	同	由比郷右衛門	本陣	小休
	蒲原	同	平岡久兵衛	本陣	昼
	岩淵	富士市	斎藤億右衛門		小休
	平垣	同	（東八幡）		野立
	吉原	同	長谷川八郎兵衛		泊
7	元吉原	同	檜新田入口松林		野立
	柏原	同	浮島理右衛門	本陣	小休
	助兵衛新田（原）	同	（助兵衛新田）		野立
	原	同	渡辺平左衛門	本陣	小休
	小諏訪（片浜）	沼津市	源右衛門畑地	本陣	野立
	沼津（下本町）	同	清水助右衛門		昼
	長沢	清水町	（喜勢川橋之下）		野立
	三島	三島市	樋口伝左衛門	本陣	泊
8	三ッ谷新田	同	伊左衛門	富士見屋	小休
	山中新田	同	（七兵衛見晴）		野立
	同	同	広野助左衛門	本陣笹屋	小休
	同	函南町	（要蔵見晴）		野立

「静岡県下　明治天皇聖蹟一覧表」より作成

京都を発した天皇一行は、熱田神宮を参拝し、岡崎から二川（現・愛知県豊橋市）を経て静岡県域である浜名郡白須賀（現・湖西市）に入ったのである。大村庄左衛門宅で小休し、潮観坂（潮見坂）で遠州灘を臨んだ。天皇が直接に太平洋を見たのは中世以来といわれる。その後、新居の本陣飯田武兵衛で昼食をとって宿泊した。新居からは舟で浜名湖を渡った。

二日は浜松の本陣庄屋杉浦助右衛門で昼食宿泊。三日に浜松宿を発して天竜川に向かった。天竜川には舟橋が架けられたが連日の雨で水位は上昇しており、舟が流されないように錨などで固定した。舟橋の長さは一二四間（約二二三メートル）あり、漁舟七八隻を横並べにしてシュロ縄や鎖などでつないだ。道幅は三間（約五メートル）あった。石膏を撒き、その上に五寸角の柱を並べて米俵を敷き、さらにその上に河原の砂を五〜七寸（約二〇センチ）ほど敷いたと伝えられる。

三日は掛川の本陣沢野弥三左衛門に泊まった。

大井川の仮橋　天皇一行は四日に掛川を発し、日坂を経て佐夜鹿《さよしか》（小夜《さよ》の中山）の小泉屋で小休して、金谷台に至った。現在のＪＲ金谷駅のトンネルの真上あたりである。ここで富士山を遠望したが、当日は見えなかった。その後、金谷本陣の佐塚左次右衛門宅で昼食をとり、大井川の仮橋を渡った。

大井川の仮橋は、すでに同年三月三日、征討大総督の有栖川宮熾仁の進軍の際に設置されていた。有栖川宮を総大将とする官軍の先発隊参謀が架橋を命じたのである。役人たちは「権現様（家康）以来の御法度」として抵抗したので、激しく叱責された。官軍に従った遠州報国隊も大井川を渡った。

天皇はどうやって大井川を渡ったのだろうか。郷土史に詳しい片田達男さん（82）が、明治元年（一八六八）の天皇渡橋に使った板橋、シュロ縄、竹、杉丸太、五寸釘、人足などの出納簿を見せてくれた。本瀬（本流）、枝瀬（分流）と分けてある。本瀬に二四間（約四三メートル）、枝瀬に二七間（約四九メートル）、幅は二間二尺（約四メートル）の仮橋を架けたのであった。

中州から中州へ板を架けて渡川する様が「大井川仮橋絵図」にある。「川の流れは常に変わるので、同じ場所に同じ橋を架けることはできなかった」と、島田市博物館は説明する。

ええじゃないか　ところで、天皇の東幸に先がけて、慶応三年（一八六七）七月半ばごろから東海・近畿地方の東海道筋の宿場では伊勢神宮や秋葉大権現の「御札」が降った。人びとはこれに歓喜し、「ええじゃないか」と囃しながら乱舞した。倒幕のため人為的に起こした騒ぎだったともいわれる。

川会所役人の松浦幸蔵が残した『歳代記』には、大井川の対岸である金谷宿の御札降りについて詳しく記されている。八月中旬から東海道の宮宿（熱田宿）で「伊勢太神宮様外八百万神様、諸仏様」の札が天より振って、順次、吉田宿（現・愛知県豊橋市）へと伝わっていき、沿道の宿や在を賑わした。金谷ではこれより早い八月上旬にすでに市ヶ島与三郎の娘が農作業に向かう途中、字「たゐよく」という所で長さ「一寸五分」（約四・五センチ）ぐらいの御祓箱を拾った。これを表口に祀ると、金谷宿の男女が参詣したという。その後、八月中旬には「疫神斎様」の札が丁内の浅右衛門のもとに降った。「坪之内南天木江御下り」とあるから、坪之内にある南天の木にあったのを見つけたのだろう。そして、九月十二日には丁内の酒屋文左衛門宅の表板敷で「太神宮様」の小箱祓が見つかったのであった。
以後も、十月二十五日までに一一四件一一八枚降ったという。『歳代記』には「宿内御札下り記」がまとめられ、御札と拾った者の名の一覧がある。

金谷宿の騒ぎ　「御札」が降ったことによる騒ぎも記されており、金谷宿の洞善院では日々神社仏閣の御札や木像が降るので、九月晦日に和尚が心配して「神おろし」をしたところ、「神々様御休所に相成居候に付、数百枚の御札」が降り、「御思召に不叶《かなわぬ》時」は震動が度々あり、「御機嫌宜敷時」は誰もいないのに額堂で大鼓や笛の音がしたという。そのため和尚や坊主たちは「恐入候て御勤斗致居候」という状態だったとある。

九月十二日に山車の舞台が引出され、氏神様や中町角屋の秋葉山神社（本山は旧周智郡春日町）などを参詣した。舞台では歌舞伎の「伊勢音頭恋寝刃《いせおんどこいのねたば》」の「二見ヶ浦」の場が演じられたという。十三日には助郷会所などに御札が降って、舞台へ神酒が積まれ、惣代若者一同に酒大樽が用意され秋葉山へ奉納した。銭も蒔かれた。十四日は田町、新町、上本町、十五軒、河原町などの山車舞台が総数九つ出た。十七日に舞台は仕舞となり、札が降った家は糯米を搗《つ》いて、餅と銭を札が降った家の屋根に蒔いた。餅の中に金を入れる家もあって、街道は銭と餅と金とが降って、大賑わいであったという。

このころ、奉公人の男女たちが羽織袴を着て、男が女に扮装したり、女が男をまねたりして、街道を賑わした。惣代若者一同も、花魁道中、遣り手（遊女を取締った女）、禿（遊女の下働きをする幼女）、若者らに扮して、箱提灯をもったりした。上十五軒町からは加島踊りが、天王前からは大奴が、峯村からは「ヤアトコセイ」が出て、「宿中裏々迄小供若もの、腰え〆を張、はだか参り、昼夜別なく始る」という騒がしさであった。二十四、五日ごろに下火になるが「地踊其外は筆紙尽がたく候」とある。

新町は「鳥居の上え馬大神宮様をくわへ候出し物」、田町は「榊大御祓様」、上本町は「日天子様・月天子様清メすず」、丁内は「二見ヶ浦、酒大樽」、上十五軒町は「御鏡に御祓様」、下十五軒は「さんこじ」、中町は「糯俵・千両箱」、横町は「しだれ桜」、藪屋は「猿田彦尊様・両羽うちハ」との記載もあり、当時の金谷宿の経済的豊かさもうかがえる。

コラム② 「コノヨナヲシニ」

金谷宿の「ええじゃないか」の背景に遠州報国隊の存在を感じさせる理由に、騒乱中の峯村の豊年踊りで「コノヨナヲシニ（この世直しに）」とくり返し唄われたことがあげられる。『歳代記』には、その数え唄が以下のように書き残されている。

一トツトセ　一目をしのんで我先に皆さん御ざれよ伊勢参り　コノヨナヲシニ
二タツトセ　夫婦も仲よく暮すなら神々御札舞下る　コノヨナヲシニ
三イツトセ　見事かざりし神々の御仮家榊で祭ります　コノヨナヲシニ
四ンツトセ　夜る昼祝ふて宿々が俄のはやしで笛たゐこ　コノヨナヲシニ
五ツトセ　いつの間にやら糯を搗御祝ひするのか数しれず　コノヨナヲシニ
六ツトセ　むしょうに蒔のハ銭と金ひらふた御方も蒔しやんせ　コノヨナヲシニ
七ツトセ　並んで付込けん菱や御神酒の施行でよいました　コノヨナヲシニ
八ツトセ　家並祝ふて此頃は月日の立のもいとやせぬ　コノヨナヲシニ
九ツトセ　今年の豊年満作は十百年にもためしなし　コノヨナヲシニ
十ヲトセ　年寄小供も残なくかちんや御神酒で腹ツゞみ　コノヨナヲシニ

渡橋を混乱させたか　ところで、こうした乱舞が大井川の渡橋を混乱させ、京と江戸の間の交通や情報伝達機能を麻痺させたといわれる。そしてその背後には尊皇派がおり、「遠州一帯の神社の神主・神官を中核とした草莽隊遠州報国隊の存在が考えられる」との指摘もある（若林淳之『静岡県の歴史』）。

もっとも、遠州報国隊が結成されたのは慶応四年（一八六八）一月であり、二月二十三日に舞阪に宿営、三月二十六日に日坂の黒田屋に泊まり、翌二十七日に金谷から大井川を渡って駿府江尻（現・静岡市清水区）に泊まった（沢木近江『報国隊出兵入用記』）。もし遠州の神官らが関わったとすれば、報国隊結成以前の別組織となろう。慶応三年当時の街道の宿帳を丹念に調べれば、何らかの動きが見えてくるのではないか。もっとも、「どの宿に泊まったのかも、本名を記したのかもわからないですよ」と、金谷宿の佐塚家現当主の照夫さん（69）は笑った。

2　変わる街道筋

皇后と皇太后の渡川　天皇は三度、皇后と皇太后は一度、維新直後の大井川を渡る。渡舟説もあるが、天皇と皇后はすべて仮橋だった。『歳代記』にもその記録が残る。

『歳代記』によれば、天皇のため明治元年九月に架橋したとある。本瀬と枝瀬に松板を渡し、シュロ縄で縛った。費用三〇四両は営繕司から拝領した。そして、明治天皇のはじめての渡川は明治元年十月四日だった。天皇は山田三右衛門宅で休み、本陣の佐塚佐次右衛門宅で輿を乗り替えた。三種神器も運んだ。有力大名や公家たちも同行したとあるから、大行列であったろう。渡った後、十一月七日になって橋を取り壊した。「大井川御橋之義も東京営繕司御役々様え御伺候処、其後嶋田御役所え御下知有之、弥々十一月七日、本瀬・枝瀬共御橋取片付被仰付候に付、両所役人出張之上取片付致候」と記されている。

皇后美子《はるこ》（昭憲皇太后）は明治二年十月十六日に大井川をはじめて渡った。これも『歳代記』に、「十月十六日、后宮様、東京え被為入候、御付添為御敬（警）衛、御大名様方御下り相成候」「大井川御橋、前同様字六番出口土橋壱ケ所・枝瀬三ケ所・本瀬壱ケ所都合五ケ所、御橋相掛申候」などとある。皇后が渡ると翌日には取り外しており、「十七日、朝より御橋取片付被仰付候に付、夕方迄取片付仕候」と記されている。

天皇と皇后が無事に東京に移った後の明治三年、新政府の民部省は架橋・渡舟の禁を解いた。こうして、二〇〇年以上におよぶ慣行は崩れ、明治四年には金谷・島田間の渡舟が開始された。

明治五年に東京に向かった皇太后夙子《あさこ》（英照《えいしょう》皇太后）はどうだったのだろうか。旧金谷本陣だった佐塚家の蔵の史料を見せていただいた。手紙が出てきた。「壬申」とある。明治五年だ。開けるとほのかに墨の匂いがした。「高瀬舟」での渡川を願うとあった。

天皇を見る　話は明治元年にもどるが、天皇が大井川を渡った日は雨だった。天皇の輿には防水のため桐の油を塗った。宿場内の軒端から四千人あまりの老若男女が天皇一行を見たという。河原にも多くの人が集まった。

大井川を渡った後、一行は藤枝の本陣村松伊右衛門に泊まった。五日は豊臣秀吉の陣羽織が残る石川忠左衛門宅（羽織屋）で休止し、安倍川の仮橋を越えて府中（現・静岡市）に入った。

天皇一行が安倍川に近づくにつれて、街道周辺の住民には町奉行所より、以下のような具体的な「先触れ」が出ていた。

まず通過予定日より二十日ほど前の九月十四日に、街道周辺在住の者は自由に天皇拝礼に参加してよいとの許可が出た。ただし、礼拝場所は安倍川の河原と限定された。九月二十七日には、天皇通過の際の注意事項が告げられた。それにはこうある。

家の中の戸や障子はすべて取り払って二階の雨戸は閉めきること。
草履は置かないこと。

看板・のれん・額の類は取り除くこと。
路上にある石仏や石塔はおおいをかぶせること。
溜桶など見苦しいものは埋めるなり片づけるなりすること。
風呂屋など火を扱う店は休業すること。
当日路上にまく砂を用意すること。
時を知らせる鐘以外の鳴り物は禁ずること。

路上に幅二間、厚さ二寸の砂を敷く予定だったが、二十九日に幅一間に変更すると告げられた。そして十月一日、天皇一行の通過が五日と決定したので三日から六日までは公用以外の車の通行が禁止された。翌二日には、天皇が民情を視察するので当日は農民も商人も仕事を休まないことが指示された（『東海道　川を渡る道』）。

こうした「先触れ」は、安倍川周辺に限らず各街道筋に出されていたのだろう。

府中には泊まらず

天皇一行ははじめての遠州と駿河の通過に各地の名所も見聞したのであったが、府中（旧静岡市内）には泊まらなかった。府中本陣の小倉平左衛門宅では昼食をとっただけで、泊まったのは江尻の本陣寺尾与右衛門であった。六日は吉原の長谷川八郎兵衛宅、七日は三島の本陣樋口伝左衛門に泊まり、明治天皇は山中新田（現・三島市および函南町）の見晴で休息し、相模（神奈川県）に入ったのであった。

天皇はその年十二月に京都へ帰る。表5にあるように道筋や宿泊地はほぼ同じであったが、休憩地はいくつか変わった。つまり、十日に石割坂で小休し、三島の樋口宅に泊まった。十一日は蒲原の平岡久兵衛、十二日は府中の小倉宅、十三日は掛川の沢野宅に泊まる。そして十四日に浜松の杉浦宅に泊まり、十五日に白須賀を抜けた。つまり、行きよりも二日短縮され、静岡県域を六日間で通過したのである。

再東幸　明治二年の再東幸における静岡での日程は表6に示したが、通過に七日かかった。まず三月十九日に白須賀の大村宅で小憩し、同日は浜松の杉浦宅、二十日は掛川の沢野宅、二十一日は藤枝の村松宅、二十二日は江尻の寺尾宅、二十三日は吉原の長谷川宅、二十四日は三島の樋口宅にそれぞれ泊まった。最初の東幸の時と宿泊所はほぼ同じだが、一泊短縮している。新居本陣の飯田宅に泊まらなかったのである。なお二十三日、興津の清見寺にはじめて寄った。

この再東幸後の六月、府中は静岡市と改称した。

はじめて静岡市に泊まる　明治十一年、天皇は北陸巡幸で京都からの帰路に静岡を通っ

表5　明治元年（1868）の静岡県域還幸

月	日	当時の地名	現在の地名	氏名	屋号	種類
12	10	山中新田	函南町	（石割坂）		小休
		同	三島市	広野助左衛門	本陣笹屋	小休
		三ッ谷新田	同	伊左衛門		小休
		三島	同	樋口伝左衛門		泊
	11	下本町	沼津市	清水助右衛門		小休
		原	富士市	渡辺平左衛門	本陣	小休
		柏原	同	浮島理右衛門	本陣	小休
		吉原	同	長谷川八郎兵衛	本陣	昼
		岩淵	同	斎藤億右衛門	本陣	小休
		蒲原	静岡市清水区	平岡久兵衛		泊
	12	由比	同	由比郷右衛門		小休
		倉沢（由比）	同	川島幸七	本陣	小休
		興津	同	手塚十右衛門		昼
		江尻	同	野村戸作	本陣	小休
		小吉田（追手）	静岡市葵区	稲葉源右衛門		小休
		府中	同	小倉平左衛門	本陣	泊
	13	鞠子	静岡市駿河区	藤波市郎右衛門	本陣米屋	小休
		岡部	藤枝市	内野九兵衛	本陣	小休
		藤枝	同	村松伊右衛門	本陣	昼
		島田	島田市	村松九郎次	本陣	小休
		金谷	同	佐塚佐次右衛門		小休
		佐夜鹿	掛川市	（佐夜の中山御用所）		小休
		日坂	同		新坂本陣	小休
		掛川	同	沢野弥三左衛門		泊
	14	原川	同	伊東又左衛門		小休
		袋井	袋井市	田代八郎左衛門	本陣	小休
		見附	磐田市	三郎右衛門	本陣	昼
		池田	同	市川伊平次	本陣	小休
		伝馬	浜松市中区	杉浦助右衛門		泊
	15	篠原	浜松市西区	鈴木喜兵衛		小休
		舞阪	同	宮崎伝左衛門		小休
		新居	湖西市	飯田武兵衛		昼
		白須賀	同	大村庄左衛門		小休

「静岡県下　明治天皇聖蹟一覧表」より作成

表6　明治２年（1869）の静岡県域再行幸

月	日	当時の地名	現在の地名	氏名	屋号	種類
3	19	白須賀	湖西市	大村庄左衛門		小休
		新居	同	飯田武兵衛		昼
		舞阪	浜松市西区	宮崎伝左衛門		小休
		篠原	同	鈴木喜兵衛		小休
		伝馬	浜松市中区	杉浦助右衛門		泊
	20	池田	磐田市	市川伊平次		小休
		見附	同	鈴木孫兵衛		小休
		袋井	袋井市	田代八郎左衛門		昼
		原川	掛川市	伊東又左衛門		小休
		掛川	同	沢野弥三左衛門		泊
	21	日坂	同	大沢富三郎		小休
		佐夜鹿	同	小泉忠左衛門	小泉屋	小休
		金谷	島田市	佐塚佐次右衛門		昼
		島田	同	村松九郎次		小休
		藤枝	藤枝市	村松伊右衛門		泊
	22	岡部	同	内野九兵衛		小休
		鞠子	静岡市駿河区	藤波市郎右衛門	米屋	小休
		府中	静岡市葵区	小倉平左衛門		昼
		小吉田（追手）	同	稲葉源右衛門		小休
		江尻	静岡市清水区	寺尾与右衛門		泊
	23	興津	同	清見寺		小休
		倉沢（由比）	同	川島幸七		小休
		蒲原	同	平岡久兵衛		昼
		岩淵	富士市	斎藤億右衛門		小休
		吉原	同	長谷川八郎兵衛		泊
	24	柏原	同	浮島利右衛門		小休
		原	同	渡辺平左衛門		小休
		下本町	沼津市	清水助右衛門		昼
		三島	三島市	樋口伝左衛門		泊
	25	三ッ谷新田	同	伊左衛門		小休
		山中新田	同	広野助左衛門	笹屋	小休
		同	函南町	（石割坂）		小休

「静岡県下　明治天皇聖蹟一覧表」より作成

表7　明治11年（1878）の静岡県域行幸

月	日	当時の地名	現在の地名	氏名	屋号	種類
10	31	白須賀	湖西市	三浦惣治郎		小休
		新居	同	飯田武平		昼
		舞阪	浜松市西区	宮崎伝一郎		小休
		伝馬	浜松市中区	28国立銀行楼上		泊
11	1	中ノ町	浜松市東区	治河協力社		小休
		西の島	磐田市	熊谷昇		小休
		見附	同	植村新一郎	大三河屋	昼
		川井	袋井市	一木喜三司		小休
		原川	掛川市	伊東幸三郎		小休
		南西郷	同	山崎千三郎		泊
	2	日坂	同	大沢富三郎		小休
		佐夜鹿	同	小泉忠六郎		小休
		金谷	島田市	（金谷台）		野立
		同	同	山田治三郎		小休
		島田	同	秋野平八		昼
		上青島	藤枝市	増田藤吉		小休
		藤枝	同	岡崎平四郎		泊
	3	内谷（岡部）	同	杉山喜平次		小休
		（岡部）	同	宇津谷峠隧道詰所		小休
		宇津ノ谷	静岡市駿河区	石川忠左衛門	羽織屋	小休
		長田	同	横川治作		小休
		大里（弥勒）	静岡市葵区	安倍川橋渡御小休所		
		伝馬	同	平尾清一郎	大萬	泊
	4	追手	同	静岡県庁		臨幸
		同	同	物産陳列場		臨幸
		同	同	静岡師範学校		臨幸
		同	同	静岡裁判所		臨幸
		伝馬	同	平尾清一郎	大萬	泊
	5	小吉田（追手）	同	稲葉彦太郎		小休
		江尻	静岡市清水区	野村通太郎		小休
		興津	同	清見寺		昼
		倉沢（由比）	同	川島半七		小休
		由比	同	由比郷右衛門		小休
		蒲原	同	谷伊兵衛		泊
	6	岩淵	富士市	斎藤億右衛門		小休

		松岡	同	佐野清七		小休
		吉原	同	山本作兵衛		小休
		柏原新田	同	高木藤八		小休
		原	同	渡辺太郎次郎		昼
		下本町	沼津市	中村九十郎		小休
		三島	三島市	三嶋大社		臨幸
		同	同	世古六太夫		泊
	7	三ッ谷新田	同	(三ッ谷学校)		小休
		山中新田	同	広野助左衛門		小休

注　史料では「阿部川」「三島神社」とあるが修正した
「静岡県下　明治天皇聖蹟一覧表」より作成

ている。表7はこの時の日程だが、まず十月三十一日に天皇は浜松の二十八国立銀行楼上に泊まった。翌十一月一日には中ノ町村の治河協力社で小休をとり、この時に天竜川治水事業などで知られる金原明善とその妻が拝謁したのである。この日の泊まりは小笠郡南西郷（現・掛川市）の山崎千三郎宅であった。二日、金谷台で休み、藤枝の岡崎平四郎宅に泊まる。三日は宇津谷峠隧道詰所、羽織屋、安倍川橋渡などでこまめに休み、静岡市の大萬（平尾清一郎）に泊まった。天皇はそれまで江尻（現・静岡市清水区）に泊まり、静岡市（旧・府中）に泊まるのははじめてだった。

翌四日は静岡県庁、物産陳列所、師範学校、裁判所などを行幸し、大萬に連泊する。五日は清見寺で昼食をとり、蒲原の谷伊兵衛宅に泊まった。六日は、はじめて三嶋大社を行幸し、世古六太夫宅に泊まった。

この明治十一年の行幸では小休場所や宿泊先が従来とは微妙

に異なり、同じ休憩場所でも当主が二代目になっていたりした。宿泊宅もかつての本陣などとは違い、銀行や旅館となった。また静岡でははじめて連泊して県庁などを視察したのである。なお、十一月一日に小休した川井（現・袋井市）の一木喜三司宅は、のちに昭和天皇の宮内大臣となり枢密院議長ともなる一木喜徳郎の養父の家である。

ちなみに大井川は、明治十年には谷口橋、明治十二年には蓬莱橋丸太仮橋ができていた。この間、旧幕臣や失業した人足たちは牧之原台地の開墾事業などに従事した。明治十一年、明治天皇がはじめて静岡市に泊まった時、旧幕臣の中条景昭らによる牧之原開墾を誉めて一〇〇〇円を下賜した。時代は急速に変わっていった。

鉄道開通後の変化　明治天皇の静岡行幸の形が大きく変化するのは、鉄道開通によってである。表8に示したように、明治二十四年五月二十一日、天皇は京都行幸の帰途に静岡市紺屋町の大東館（平尾清一郎）に泊まった。明治二十八年五月の京都行幸でも帰途の二十九日に大東館に泊まる。明治三十年八月も京都行幸の帰途の二十二日に県会議事堂に泊まった。明治三十一年十一月の大阪行幸では帰途の二十日に同じく県会議事堂に泊まっている。

その後、明治三十三年（一九〇〇）に静岡御用邸ができて明治天皇の宿泊所が定まるが、明治三十五年、三十六年、三十八年、四十一年、四十三年、四十四年の滞在はすべて他府県

表8　明治11年（1878）以後の静岡県域行幸

明治	西暦	月	日	当時の地名	現在の地名	宿泊地	屋号
24	1891	5	21	紺屋町	静岡市葵区	平尾清一郎	大東館
28	1895	5	29	同	同	同	同
30	1897	8	22	追手町	同	県会議事堂	
31	1898	11	20	同	同	同	
35	1902	11	18	同	同	静岡御用邸	
36	1903	5	10	同	同	同	
		11	18	同	同	同	
38	1905	11	14	同	同	同	
			18	同	同	同	
41	1908	11	19	同	同	同	
43	1910	11	10	同	同	同	
			19	同	同	同	
44	1911	11	7	同	同	同	

「静岡県下　明治天皇聖蹟一覧表」より作成

への行幸の途次であった。明治天皇が県内各地を行幸することはなく、ましてや、かつての東海道の街道筋を訪れたり、旧宿場に泊まったりすることはなかった。

鉄道開通後は、金谷や島田を徒歩で通る旅人も少なくなった。明治天皇を嗣いだ大正天皇も鉄道で通過していった。大井川両岸の宿場の衰退は早まった。大正天皇は静養のため皇太子時代から興津や沼津で過ごすことはあったが、県内各地を行幸してはいない。明治十一年以後、天皇の静岡県内各地域への行幸は昭和五年（一九三〇）の昭和天皇までなかったのである。

3　金谷台の碑

金谷民生寮　かつての金谷宿に、JR金谷駅を降りて徒歩で行ける距離に金谷民生寮という無料宿泊施設がある。もともとは昭和四年（一九二九）に金谷町（現・島田市金谷）の方面委員（現在の民生委員の前身）に任命された山城多三郎がはじめたものであった。

多三郎が方面委員となった翌昭和五年に、浜口雄幸内閣の金解禁の経済的打撃で多くの失業者が生まれた。彼らは職を求めて開通したばかりの国道一号線を往来したのである。土地の方面委員を頼って食や旅費を乞うのだが、金谷町では多三郎がたった一人の方面委員であった。多三郎は、大工である家業の「釜の尻をかいての生活費」の中から一人につき五銭ずつ提供して、彼らを救済した。また複数の方面委員がいる隣町の島田市と方面委員助成会を結成して、失業者のために大井神社境内で粥の接待をしたりした。一日に三一六杯も配ったことがあったという。

無料宿泊所を開設　当時、三島、静岡、浜松に無料宿泊所があることを知った多三郎は、静岡と浜松の中間点にあたる金谷にも施設を作れば困った人たちの役に立つだろうと考え、自宅を提供した。静岡まで八里（三二キロ）、浜松まで十里（四〇キロ）の距離だった。

旅人にとって寝場所は大切だったのだが、旧宿場町ではすでにかつての宿屋はなくなっていたし、新しい時代の旅館やホテルに泊まるのにも相応の料金がかかった。

昭和二十年の敗戦後になると戦災者、失業者、引揚者が巷にあふれた。金谷民生寮は東海道線の金谷駅に近いこともあり、多くの人たちに頼られた。物が乏しい時代であり、山城家では寝具も食器も家族のものを使った。その後、昭和二十三年九月に共同募金の援助で、自宅と別に五坪ほどの建物を宿泊施設として設置したのであった。

この施設にも多い日には一日に五~六名が訪れ、年間千数百名を数えた。本籍は北海道から沖縄にまで及び、こうした人びとを多三郎は家族総出で面倒をみたのであった。懇切丁寧な接待のため、家族が引揚軍人のマラリアに感染したこともあったという。

慈善家・寿限無量居士　志田利『仏教と社会福祉』によれば、多三郎は明治三十三年(一九〇〇)生まれで、大正十四年(一九二五)に町の洞善院住職が創設した金谷町少年教友会日曜学校指導員をつとめた。また、同年に創設された金谷町少年団の団長に推された。少年団はボーイスカウトの前身である健児隊の訓育方法に共鳴して結成されたものであり、大井川河口の荒地を開墾してその収入で団の運営を計った。また道路の掃除や撒水などの活動も行った。昭和三年の団員数は二四三名だったという。

多三郎は方面委員となった翌昭和五年に結婚。せい夫人は助産婦として多三郎の活動を支えた。その後、保護司、民生委員、金谷民生寮寮長などをつとめ、昭和二十五年に藍綬褒章、昭和四十五年に勲五等双光旭日章を授与された。昭和五十二年、講演中に急逝し、正六位に叙された。法名は寿限無量居士。

多三郎はユーモアに富んだ人で、寿限無と号して川柳や狂歌もたしなんだ。金谷民生寮に来て口がきけないふりをして一切の答えを拒否していた男が、入浴やら食事やら親切にされて、つい口をきいたという事件があり、この時のことを、多三郎は「ほだされてうっかり唖《あ》者がものをいい」と詠んだりした。そのほか、以下のような川柳を遺している。

一風呂に夜の蚤と別れたり
浮浪者へ岩戸景気もなんのその
二度三度来ても憎めぬ老を泊め
誰も来てあたれや路傍の焚火かな
街道に憩う陰あり夏木立

高松宮の来訪　昭和三十年五月に高松宮宣仁親王が金谷民生寮を訪問した。「高松宮殿下が見学に来られ、父の多三郎がお茶を出しました」と、静岡福祉大学教授でもある次男の山城厚生（65）さんは語る。厚生さんは「子どものころからボーイスカウトのジャンボリーなどで皇室の方々にもよく会いました」と言う。

多三郎は昭和三十五年に皇居の園遊会に招待された。また、御殿場で療養中の秩父宮雍仁親王とユーモアあふれる「話芸」で福祉の話をしたこともあった。この時、多三郎は「光栄ぞ寿限無と宮が声をかけ」と詠んだ。

晩年になって、多三郎は心境を次のように表現している。

人をのみ渡し渡して己が身は岸に上がらぬ渡し船かな

金谷民生寮は、現在も厚生さんと千歳夫人が運営している。「家族、とりわけ母や妻の支援がないとやれません」と、厚生さんは語った。

明治天皇御駐輦阯　そんな厚生さんが「金谷台の碑は今もありますよ」と案内してくれた。

「金谷台の碑」とは、明治天皇が富士山を遠望した記念碑である。旧東海道の小夜の中山を下り、菊川宿から牧之原台地に上って、金谷宿へ下りる手前になる。今は、樹木が茂り、富士山を見ることはできない。下れば、現在のＪＲ金谷駅に着く。

昭和八年（一九三三）六月六日、海軍軍人で貴族院議員であった井上清純男爵を代表とする明治天皇聖蹟保存会は『明治天皇聖蹟　大阪行幸東京行幸之巻』を刊行した。そこには「金谷台より眺めたる富士山」の一頁大の写真がある。明治天皇が東海道を往復した際に、富士山を遠望した時の風景を再現しようとしたのだ。撮影は昭和初期。当時の鉄道や鉄橋も写っている。「金谷台御野立所阯」の写真もあり、「昭和三年、本県其の址に就きて碑を樹て、以て之を表す」と説明がある。碑の高さは「六尺」（約二メートル）、表面に「明治天皇御駐輦阯」の八文字が刻まれた。建立には、金谷周辺住民二十人と牛二頭が尽力し、金谷尋常高等小学校児童五百人も手伝ったという。これが今も残る「金谷台の碑」だ。

碑の建立に尽力した佐塚家は、明治天皇も何度か休憩し昼食をとった金谷の旧本陣である。「金谷には三つの本陣があったが、今も地元に残るのは私の所だけです」と、子孫の佐塚照夫さんは語る。「屋敷が大きかったので、本陣廃止後、尋常小学校の建物となって、祖父は二代目の校長になりました。その縁で今は書店をしています」。旧本陣で今も地元にある家は、全国の五街道でもそう多くはないという。「維新と戦後の農地解放でやられました」と、佐塚さんは屈託なく語った。

『明治天皇聖蹟』　『明治天皇聖蹟　大阪行幸東京行幸之巻』には、明治天皇が京都から東京に向かった際に休憩あるいは宿泊した各地の場所が、「聖蹟」として詳細に記録された。静岡地域は白須賀の休止所跡から田方郡の施行平《せぎょうだいら》御野立所までの各所がとりあげられ、説明がなされている。「浜名湖御用御乗船図」「宇津ノ谷御小休所跡」「府中行在所（旧本陣）平面図」「興津御座所（清見寺）」「三島行在所蔵御遺品」などの図版や写真が数多くある。

静岡県でも昭和十二年五月二十五日になって『静岡県史蹟名勝天然記念物調査報告　明治天皇聖蹟』をまとめた。同書には「明治天皇聖蹟一覧」があり、明治元年から明治四十四年までの天皇の静岡行幸の休憩所や宿泊所などが細かに整理されている。そして、天皇の行幸の道筋が明治二十二年七月一日の東海道線全通前と後とで大きく違ったことがわかる。鉄道開通後、天皇が旧宿場町に足を運ぶことはなく、泊まるのは静岡市だけとなる。

「天皇の休憩で、なにかもらったのですか」と佐塚さんに尋ねると、「杯かな、今も蔵にある」との答えが返ってきた。蔵にはなにがしかの金員を包んだ「のし袋」も残っていた。街道筋の多くは「聖蹟」となったが、かつての繁栄をとりもどすことはなかった。

徳川方であった静岡が明治維新で受けた損得勘定について、山城さんに率直に聞いて見た。しばらく考えてから、「損したところもありますが、得したところもあって、最後には採算

金谷台の碑

が合っているというようなことでしょうか」と真顔で答えた。

「聖蹟」を指定した井上は、昭和十年に貴族院で美濃部達吉の天皇機関説を攻撃する。この事件の翌年には二・二六事件が起こり、日本は神格化された天皇の名の下に世界戦争へと突入した。結局、戦争は負けて、皇室も明治維新以来築いたその地位と基盤を大きく損ねた。今では金谷の旧街道を歩く人も少なく、「金谷台の碑」に気づく人はほとんどいない。

4　天城のモリアオガエル

モリアオガエルの調査　昭和天皇の静岡行幸が予定されていた昭和五年（一九三〇）五月一日、『読売新聞』は「天城御料林視察に」なる記事を載せ、天皇が静岡行幸の際に、八丁池に棲息する森青蛙（モリアオガエル）を視察すると報道した。火山湖である八丁池は周囲の木の上に産卵する動物学上貴重な森青蛙などが棲息するとされるが、御料林のため外部の調査が及ばないし、森青蛙を天然記念物に指定することもできなかった。そのため「一生物学者」としての天皇に直接調査を願おうとしたのである。

かつて学習院の博物学教授が森青蛙を持ち帰って試験したが、まもなく親蛙が死んでしまい、何故地上で産卵せず木の上に登るのかの研究が未解決のままだと、同紙は報道した。また静岡名産の「わさび」も大部分が天城山のものなので、水地に種を蒔く野生に近い独特の栽培方法なども天皇に見せるという。

当時、静岡県内の御料林は天城のほか、浜松、河津、沼津にあったが、今回は森青蛙の研究のために「元御猟場のあつた所で今尚数百頭の鹿が群をなしてをり、殊に景勝の地として知らるゝ八丁池の周囲」を視察することとなったというわけであった。

昭和五年の天皇行幸　表9に示したように、天皇が列車で静岡駅に着いたのは五月二十八日であった。奉迎の軍隊を並ぶ駅頭を車でぬけ、県庁、地方裁判所、師範学校、葵文庫などを見学し、静岡御用邸に泊まった。夜はイルミネーション、花火などで賑わった。

表9　昭和５年の静岡行幸

西暦	月	日	
1930	5	28	東京駅＝静岡駅・静岡御用邸・静岡県庁・静岡裁判所・静岡師範学校・県立葵文庫・静岡御用邸（泊）
		29	静岡御用邸・静岡歩兵34連隊・静岡中学校・静岡高等学校・静岡浅間神社・静岡御用邸・安東練兵場・静岡御用邸・静岡駅＝清水駅・清水築港埋立地・豊年製油清水工場・清水駅＝静岡駅・静岡御用邸（泊）
		30	静岡御用邸・静岡駅＝焼津駅・焼津港・焼津駅＝島田駅・牧之原県立農事試験場・牧之原国立茶業試験場・大井川輦台越し見学・島田駅＝掛川駅・大日本報徳社・県立中泉農学校・中泉駅＝浜松駅・浜松飛行第7連隊（泊）
		31	浜松飛行第7連隊・浜松高等工業学校・浜松工業学校・帝国製帽会社・名古屋鉄道局浜松工場・浜松市役所・公会堂・日本形染会社・日本楽器会社・浜松高射砲第1連隊練兵場・浜松飛行第7連隊（泊）
	6	1	浜松飛行第7連隊・浜松駅＝弁天島駅・弁天島・弁天島駅＝鷲津駅・浜名湖服部中村養魚場～（船）～佐久米・井伊谷宮・浜松駅＝沼津駅・沼津御用邸・沼津第4小学校・沼津蕭市場・沼津御用邸（泊）
		2	沼津御用邸～（船）～三津重須・湯ヶ島小学校・浄蓮の滝・八丁池・沼津御用邸（泊）
		3	沼津御用邸・沼津駅＝三島駅・三嶋大社・三島高等女学校・三島野戦重砲兵第2連隊・三島駅＝東京駅

二十九日、軍神橘周太の橘部隊として知られる静岡歩兵三十四連隊の閲兵に向かった。この時、新兵の柳田芙美緒は留守番を命ぜられ、天皇に会えず悔しがった。

天皇は静岡中学校で武道、水泳、野球などを見学し、静岡高校、浅間神社、富士製茶を見て、安東練兵場の分列式に参列した。その後、清水市にて港や豊年製油工場を回った。

三十日は焼津港の鰹水揚作業を視察。天皇が浜に並べられた鰹を見下ろす写真が残る。漁船は満艦飾で迎えた。「ご覧になった場所には今も碑が残っています。でも鰹の並んだ浜は埋め立てられて道路になり、海岸からは遠くなりました」と、焼津市の永井鉄朗さん(59)は語る。天皇はその後、大井川の渡しを橋の上から見た。肩車、馬、輦台、籠などの行列が続いた。屈強な男たちが褌姿の人足となって、武士に扮した人びとを担いだ。輦台をかつぐ人びとは「天皇にお尻を見せないようにしたので、かなりジグザグに渡った」という。当時の写真を見ると、なるほどS字を連ねるように蛇行して渡川している。その中の一人は大井川最後の人足だった。川越しを見学した天皇は、牧之原茶業試験場、掛川の大日本報徳社などを経て、浜松に入った。

三十一日、高射砲第一連隊に向かい、将校婦人らの歓迎を受ける。浜松高等工業学校、名古屋鉄道局浜松工場、日本楽器製造ピアノ工場などを見た。

六月一日、弁天島、養魚場、角目網を船で回り、佐久米から上陸して宗良親王ゆかりの井伊谷宮を参拝した。鈴木貫太郎侍従長が供奉した。このコースは、戦後に皇太子明仁一家が奥浜名湖に遊んだ場所と重なるものがある。天皇は列車で沼津までもどり、沼津御用邸、沼津第四尋常高等小学校、繭市場を視察した。

雨の八丁池　二日、御用邸から内浦湾を船で重須《おむす》に渡り、湯ヶ島高等小学校に着く。その後、小学校から天城の隧道の入口までは自動車で行き、林相や山葵《わさび》田を見ながら徒歩で八丁池に向かった。

天城山はあいにくの小雨で、天皇もソフト帽をかぶりコートを着て傘を持ったが、濡れて汚れた。生物学者で御用掛の服部広太郎博士も同行した。天皇はまず粘菌の採集にとりかかった。天皇は首からさげた拡大鏡で、服部らが採集した粘菌を観察すると、その種類や、面白いとか、熟していないとか述べ、必要なものだけ助手の採集箱に納めさせた。

天皇も自ら足場の悪い崖を登ったりした。せっかく登っても何も得られず、「御失望の御気色」で戻ったりもした。谷に臨んだ朽木の上を踏んで熱心に採集したりもするので、後方の侍従が心配したりもした。

この時、同行した白根竹介静岡県知事は、「お帽子は雨に濡れて鍔《つば》より水滴が落ち、コートは汚れ、お靴下、お靴は泥まみれになり、御活動が烈しいので、恐れ多いことながらカラの釦まで外れて居りまして、近侍が御注意申上げると、釦をおはめになり、ネクタイを御直しになりました」と記している（静岡県編纂『昭和五年　静岡県巡幸記録』）。

服部も、天皇の指示で粘菌を採集しながら山を登った。天皇は服部の姿が見えなくなると、心配して行方をさがした。側近が「あそこに見えました」と声を上げると、天皇は太く強い声で「さうか」と述べ、また登りはじめたという。

そして、ようやく休息所で天皇は森青蛙を手にした。吸盤を注意深く仔細に調べ、終わると籠に入れ、「逃がしてやれ」と言った。

三日、天皇は三嶋大社を参拝、三島野戦重砲兵第二連隊、第三連隊を視察、東京に帰った。東京駅では浜口雄幸首相が出迎えた。

五・二一事件　ところで、この行幸に先立つ五月二十一日に静岡県下で「不穏分子」百数十名の一斉検挙があった。静岡市のみならず、掛川、清水、沼津でも拘禁者が出た。いわゆる五・二一事件である。当時、検察当局は静高社研（静岡高校社会科学研究会）の左翼グループの活動を警戒していたが、五・二一事件では社研とは「縁もゆかりも無い」静高の生徒たちが検束されたという。しかし、「安東のアジト」が摘発されて中心的な活動家たちが拘留された。その中の一人が永井正義であり、永井らは天皇来県を「某名士来る」と題して揶揄する怪文書を謄写版印刷して配付していたのである（草深会『抗いの青春』）。

尖鋭化する社会　静岡行幸を終えた天皇は、昭和五年十月十八日、今度は海軍大演習で戦艦「霧島」を御召艦として遠州灘南方での青赤両軍の決戦を統裁した。そして十一月十二日には岡山地方の陸軍大演習に向かった。首相の浜口雄幸も岡山の大演習に合流するため、十四日に東京発の「つばめ」に乗ろうとした。ところが、駅頭で右翼に狙撃される。ロンドン海軍軍縮条約調印を進めた浜口に対する、艦隊派（軍拡派）のテロであった。

昭和初期は経済不況が深刻となり、右翼も左翼も特高警察も尖鋭化した。こうした閉塞状況の中、軍部は戦争による解決の道を主導し、最終的にはもっとも悲惨な結果となった。

五・一一事件で拘留された学生の一人である永井正義は、静高を退学して共産青年同盟で活動し、再び検挙される。昭和八年（一九三三）一月二十三日付の『読売新聞』は、「早くも共産党再建　重要人物検挙さる　『静高』を追はれた豪農の息子」の記事を報道した。群馬県の豪農の息子で静岡高等学校に入学して社会科学研究会のメンバーとなった永井が、渋谷で特高警察に逮捕されたというのであった。

無謀な戦争で焦土となった敗戦後の昭和二十一年、天皇は再び静岡を訪れる。このころ、天城御料林は国有財産となり、森青蛙も天然記念物の指定を受けた。五・一一事件の永井は、敗戦後に日本内燃機に就職して神奈川県金属（産別）支部委員長などをつとめた。昭和二十五年にレッドパージとなるが、その後もパージ仲間と町工場などで働き続けたと伝えられる。

5　従軍カメラマン・柳田芙美緒

留守番勤務　昭和五年（一九三〇）、昭和天皇が静岡第三十四連隊を閲兵した時に、その場に出られなかった新兵がいた。柳田芙美緒である。入営したばかりの柳田は中隊の留守番勤務を命ぜられた。大男のため、体格に合う軍服と軍靴がなかったのである。天皇の前に出るには、軍服や軍靴はもとより軍帽から巻脚絆、靴下まで新品でなければならなかった。「軍帽が合わなかったのよ」と、長女の真由美さんは語る。柳田は無念の思いで留守をつとめた。柳田はその後、連隊付の写真師として、戦時下の兵士たちを撮り続けた。そして、昭和二十年の終戦を迎える。

終戦後、柳田は、天皇とマッカーサーとが並んだ新聞写真を見て憮然とする。柳田はこう書いている。「私なら、マッカーサーさん、半歩後へ退がってください。手は陛下のように下に下げてください、と言う。それを聞き入れられなかったら、お体の小さい陛下のそばに片寄ってカメラを構え、カメラアングルを下げる」。柳田は同じカメラマンとして、被写体への配慮のなさ、つまりは天皇とマッカーサーとのコントラストの悪さが許せなかったのである。

コラム③　『静岡県行幸警衛記録』

『静岡県行幸警衛記録』は、昭和五年の天皇行幸の際の七百頁以上におよぶ警備記録である。翌昭和六年三月に静岡県警察部が編纂した。同記録を見ると、当時の警備の徹底ぶりがわかる。たとえば「要視察人尾行引継に関する隣県との協定」には、以下のように記されている。

1　要視察人其他一切の尾行を付し本県を通過旅行するものは神奈川県より直接愛知県へ（豊橋駅）引継ぐこと

2　同様東上するものは愛知県より直接神奈川県へ（国府津駅）引継ぐこと

3　身延鉄道により東行又は西行するものは同県より直接神奈川県又は愛知県へ引継ぐ身延線により山梨県方面へ向ふものは神奈川県、愛知県より直接山梨県へ（内船《うつぶな》南部駅）引継ぐこと

4　神奈川、愛知、山梨各県よりの尾行者にして日帰り旅行者は終始尾行とすること。但本県へ宿泊するものにして引継方交渉ありたるものに限り各署にて引継を受くるものとす

五月二日には精神を病む者をふくむ警戒者調査表も作成され、下田から気賀までの二五ヶ所

の拘束者、尾行者、入院者のそれぞれの数が示された。その県内総数は、拘束一五名、尾行三六名、入院五八名、所在不明四四名、他行中六一名で、その警戒にあたった者の総数は二四〇一名であった。

戸口調査、密行張込、一斉検索もなされた。朝鮮人の戸口調査は五月十一日から十七日、二十二日から二十三日の二度なされた。

左翼系の容疑者については、以下の報告がまとめられている。

1　各種容疑人物等の動静に対しては夫々常に視察警戒を加へ来りしが予てより内偵の結果各地に全協系一派の極左分子が頻りに潜行的策動を続けつゝあるを探知し、特高課員を諸地方に派し極力容疑人物等の内偵に努めたる処、愈々確証を得たるを以て所轄検事局と打合の上、五月二十一日、之等容疑人物の検束を行ひ取調の結果治安維持法違反の嫌疑濃厚と認めらるる九名に対し刑事追訴に付したり。

2　右全協系容疑者の捜査中静岡高等学校生徒間に思想研究会「ＳＳ」の組織せられ居るを探知し夫々取調を行ひたるが関係者の前途を顧ひ諭示訓誡の上釈放せり。

3　五月二十一日の一斉検挙に当り全協容疑者浜名郡中瀬村仕立職白井英一方より竹筒製爆発

物を発見、取調たるに何等思想的関係なきこと判明せり。

報告にある「全協」とは、日本労働組合全国協議会の略称である。昭和三年に日本労働組合評議会の再建を目的として結成され、日本共産党指導下のプロフィンテルンに加盟し、戦闘的な活動を展開したが、当局の弾圧により昭和九年に壊滅した。

戦後巡幸　そんな柳田の前に天皇自身がやってくる。昭和二十一年の静岡県巡幸である。この年の一月一日に人間宣言をした天皇は、二月十九日から神奈川県を皮切りとして、全国巡幸をはじめていた。巡幸初日は昭和電工川崎工場や引揚者収容施設の稲荷台共同宿舎などを訪れた。翌日、久里浜援護所で寒さに震える引揚民やニューギニアからの復員部隊長などと会った。サイパンからの復員兵士と会話もした。「戦争は激しかったかね」「ハイ激しくありました」「ほんとうにしつかりやつてくれて御苦労だつたね、今後もしつかりやつてくれよ」。

そして表10に示したように、天皇は六月十七日に沼津御用邸に入り、蚕種製造所、沼津警察署を視察した。その後、清水駅に向かい、東洋製缶、日本軽金属などの工場を訪問し、静

表10　昭和21年の静岡行幸

西暦	月	日	
1945	6	17	東京駅＝沼津駅・沼津御用邸西附属邸・片倉工業株式会社沼津蚕種製造所・沼津警察署・沼津駅＝清水駅・東洋製缶株式会社清水工場・日本軽金属株式会社清水工場・静岡市伝馬町国民学校・静岡市有東寮・静岡県立静岡中学校・静岡県庁（泊）
		18	静岡県庁・静岡駅＝浜松駅・浜松市役所・名古屋鉄道局浜松工機部・浜松市北国民学校・日本楽器製造株式会社・浜名用水取入口・赤佐村・浜松市経由・浜松駅＝島田駅・東海事業株式会社・丸三製茶再製所・焼津町魚市場・株式会社焼津造船所・焼津駅＝沼津駅＝東京駅

岡市伝馬町国民学校、戦災者・引揚者寮の有《う》東《とう》寮、静岡中学校を回り、宿泊所となる静岡県庁に着いた。

十八日は、県庁を出て静岡駅から浜松駅に向かった。浜松市役所、鉄道局工機部、浜松市北国民学校、日本楽器、天竜川浜名用水取入口、「興国農村」として知られた赤佐村を経て、再び浜松駅から島田駅にもどった。島田ではパルプ、木工製作、木材集積、製茶工場などを視察し、車で藤枝から焼津に入った。焼津では魚市場、造船所を見学し、その後に沼津御用邸で皇后と合流して東京へ帰った。

天皇の通訳をする　この巡幸の時、柳田は二日間、静岡、焼津、藤枝での天皇を撮り続けた。有東寮では、「チチハカエッタカ」「ハハハイルカ」という天皇の言葉がのみこめず返事ができないでいる少年の元に走って、「お父さんは戦地から帰ってきたかね」「お母さんは元気かね」と天皇の「通訳」までした。

柳田は、静岡市両替町でもみくちゃにされる天皇など、多くの斬新な写真を残した。柳田の撮した天皇は、どれも人びとに親しく歩みよろうとするものばかりで、「開かれた皇室」を実感させるものだった。そうしたアングルは、柳田が持ち前の人なつこさで警備のアメリカ軍憲兵と仲良くなり、天皇を前から身近に撮れる位置を手に入れたことも大きかった。真由美さんの手元には、未公開写真が多く残る。「弟たち」の代表のつもりもあったんでしょうね、と真由美さんは語る。「弟たち」、すなわち柳田が撮影した年少の兵士たちは、ガダルカナルやサイパンで「玉砕」していたのだ。

侍従長の懸念

静岡行幸に供奉した侍従長の大金益次郎は、共産党の動きを懸念していたが、実際にはこれといった動きはなかった。「陛下の虚心な御行動の先きざきでは、我々の複雑な先入観は、常に事実として、払拭される。そこで、我々はただ日本国民を見る。党派も階級も貧富も見えない」と大金は『巡幸余芳』に記した。さらに、大金は浜松での混乱も伝える。「市街の或る地区を御徒歩になつた時、両側の群衆が道路上に押し出して、御通行が不可能にならうとしたので、警戒のＭＰ（アメリカ軍の憲兵）が早速ジープを先頭に出して群衆をかきわけ、適当の道幅を作りつつ進行し、その後を徒歩で御進みになつたことがある」。

大金は巡幸中のＭＰの機転を高く評価している。「いつも巧妙に群衆を捌くのには感心させられた。彼等は平常は呑気さうに仕事をしてゐる。チュインガムをしやぶつたり、口笛を吹いたり、あるひは群衆をからかつたりしてゐるが、大事な局所となると、なかなかその実力と知恵とを発揮する」。背広にソフト帽の天皇が、各地の人びとの中に気軽に入っていけた背景には、ＭＰの警備力もあったようだ。

昭和二十九年の北海道行幸まで天皇は全国を精力的に訪れ、八年かけて沖縄を除く一都一道二府四二県を巡った。年を経るごとに歓迎する側の熱意は高まり、混乱した沿道の警備のため、天皇と人びととの間には距離ができていった。

連隊付の写真師　昭和天皇の静岡巡幸を撮り続けた柳田芙美緒は、戦時中は静岡連隊付の写真師であった。出征する兵士たちの顔写真などを撮り、そのうちに軍や憲兵に依頼されて事件の記録などを撮すようにもなった。随筆集『静岡連隊物語』から、その人となりを知ることができる。

柳田が徴兵されて静岡歩兵第三十四連隊第九中隊に現役入隊したのは昭和五年で、この五月に昭和天皇の行幸があった。一年で柳田は除隊し、上京して、写真の世界を知る。父が無く、兄が病気で家庭を守れないので、軍が配慮して除隊させたという。しかし、柳田自身は、兵士たちと行動をともにしたがった。

昭和十年十二月、第三十四連隊が満州に派遣されると、柳田は許可なくこれを追って現地までついていってしまった。柳田の従軍カメラマンの第一歩であった。やや無鉄砲な男だったが、幹部将校や兵士たちに愛される性格でもあった。

出征と戦死と　昭和十二年八月、柳田は静岡にいた。カフェの女給たちが「静美国防婦人分会」をつくるなど国防色の濃くなる世相だった。十三日夜、連隊区司令部の建物のどの窓も電灯が点っていた。「司令部が徹夜しているぞ」との情報が全市に伝わった。翌十四日、三〇〇〇名に赤紙が届く。戦争の動員であった。出征部隊は新任の田上八郎大佐率いる静岡三十四連隊。柳田は、部隊の出征を撮り続けた。静岡駅頭での挨拶、営庭内での家族との面会、兵士を乗せた列車と「日の丸」で見送る人びと。詩を好んだ柳田のアングルは的確で叙事詩的でさえある。

しかし、柳田は心を重くする。万歳の声のなか出征した静岡三十四連隊は上海で苦戦し、戦死者の遺骨が続々と帰ってきたのだ。負傷者も多く、陸軍病院は満員となり分院や第二病院が急設された。こうした悲報に部隊長夫人の田上チヨは東京の家を引き払って、子どもと静岡に越し、激励慰問、迎骨、慰霊祭と連日、市内を駆け回った。しかし、田上部隊長の指揮力を疑う声が高まり、チヨ夫人は精神的に追い込まれて自ら命を絶った。昭和十三年五月のはじめであった。柳田は、夫人の遺髪、遺品、遺書を持って、前線の田上部隊長の下に派遣された。その後、南京を中心に、柳田は兵士の日常や戦場写真を撮りまくった。

「恤兵展」　柳田は昭和十三年から三年半ほどの間に、静岡と戦地とを十回ほど往復している。静岡では英霊の帰還と補充兵の出征などを撮った。昭和十六年十二月、柳田は九州にて中国に向かう飛行機の順番を待っていた。その間に八日の太平洋戦争開始となる。柳田は東海林部隊に合流。同部隊は香港を攻略し、台湾からカムラン湾を経て、ジャワに向かった。柳田はジャワ上陸作戦に加わり、部隊とともにバタビヤからスマトラへ移駐。この間、三〇〇〇枚ほどの写真を撮った。しかし、昭和十七年九月、柳田は帰還命令を受ける。別れに際して、兵士三八〇〇名を撮影し、これを静岡に届けることとした。帰国した柳田のこれらの写真で「恤兵展」が催されるが、そのころ部隊は、ガダルカナルの激戦で「玉砕」した。

戦後に発見された写真　柳田とともに生きてきた兵士たちの写真は、昭和二十年の静岡空襲で焼失したと思われていた。ところが戦後、三女が防空壕で発見。柳田はその修復と公開に後半生をかける。二冊の写真集『静岡連隊写真集』『戦友』が刊行され、柳田の兵士たちへの思いは形となった。

『静岡連隊写真集』の巻末には、「わびしき年輪」と題された柳田の簡単な略歴がある。「静岡県志太郡西益津村大覚寺上、出身。父なし。母柳田タカを失い、自殺を図り果たせず。昭和五年静岡連隊第九中隊に現役入隊、一年帰休。陸軍歩兵一等兵。加藤まさを氏に書生入門、画道ならぬ写真の初歩を学ぶ。兄の一を失いて家郷に帰る。反逆放浪の途中、増田次郎氏を知り、考え方を人間愛におきかえる。長男の真理を失い、断酒、従軍。後に、軍属奉待。南京居留民団長、南京難民区々長。本名、新間一三雄。現住所、静岡市浅間町一丁目八番地」。

柳田に影響を与えた「加藤まさを」は藤枝市大手生まれの挿絵画家で、童謡「月の砂漠」の作詞家として知られる。母子家庭で育った柳田にとっては父のような存在だった。「増田次郎」は西益津出身で後藤新平の知遇を得て衆議院議員や大同電力社長などを歴任した政財界の重要人物であった。昭和十四年には国策会社の日本発送電の初代総裁となっている。柳田は高等科卒業後、地元の鉄道会社に就職したが、仕事は踏切番で、列車が通過していない時はひたすら読書に励んだという。父がなく将来も見えなかった寂しい柳田の心が漂う逸話であるが、二人の父的存在との出会いで、名カメラマンの人生を歩むこととなったのである。

柳田については、掛川西高校教諭の村瀬隆彦さんや静岡新聞社編集局の小笠原康晴さんの研究がある。小笠原さんに案内してもらって、静岡市葵区柚木の護国神社の一角にある柳田のスタジオを訪ねた。ダンディな柳田の遺影がいくつか残っていた。長女の真由美さんが「おしゃれな人でした」という。「女性たちがほっておかなかったわね」とも。土産に島田の名物和菓子の一つである「黒大奴」を持って行った。「柳田の好物です」という。すでに仏壇には「黒大奴」が一箱置いてあった。「墓も島田なんですよ」と、真由美さんは微笑んだ。

軍神橘周太　かつて静岡三十四連隊は、橘連隊とも呼ばれた。日露戦争の軍神橘周太の名をとった。橘周太が静岡三十四連隊第一大隊長となったのは、明治三十七年（一九〇四）の日露開戦後であった。橘は日露両軍の主力がはじめて衝突した遼陽《りょうよう》会戦の首山堡《しゅざんぽ》争奪において、小銃弾を受けながら山頂を死守しようとした。この日は八月三十一日で、皇太子嘉仁（のち大正天皇）の誕生日であった。橘はこの記念すべき日に多くの兵を戦死させたことを「申し訳ない」と悔やみながら戦死した。後、橘は海軍の広瀬武夫とならび、陸軍の軍神となった。静岡三十四連隊には橘の銅像が建ち、部隊も橘部隊と称され、その勇猛ぶりが誉れとして伝えられた。

昭和十二年（一九三七）に中国との本格的な戦争がはじまると、橘部隊はその武勇の伝統が期待された。しかし、出征するや多くの戦死者を出した。「熱狂歓呼の声に送られて出発したわれらの軍神〝橘部隊〟が、だれが考えてもあれ程までに上海戦でやられるとは夢にも思っていなかった」と、静岡連隊の従軍カメラマンだった柳田芙美緒は書いた。当時、柳田は出征する兵と同じ構図で、帰還する「英霊」の写真を撮っていた。

サイパン島での「玉砕」　戦争の激化の中、静岡では主力の三十四連隊のほかに、独立歩兵十三連隊、二三〇連隊、一一八連隊が編成された。昭和十九年、日本軍の太平洋方面防衛の中心基地だったサイパン島を守るため、四十三師団所属の一一八連隊（静岡）、一三五連隊（名古屋）、一三六連隊（岐阜）に動員令が下った。柳田は、最後の静岡連隊としてサイパンに向かった伊藤豪部隊（一一八連隊）には「ロクな写真が一枚も残っていない」「撮影し、残しておく勇気がなかった」と言う。伊藤部隊は、物資不足で、まともな軍装ではなかった。「静岡連隊中のありったけの弾丸と銃をかき集め、自活用の漁具、各自の非常携行食品、焼津のカツオ節一本」だったと、柳田は回想する。兵隊も疲れていて、精兵という恰好ではなかった。伊藤部隊は南方へ向かう途中、魚雷攻撃などで輸送船が沈没し、サイパン島目前に部隊の主力が海底に消えた。六月七日、救助されたわずかの将兵がサイパンに上陸、「玉砕」した。

天皇皇后のサイパン慰霊　敗戦により軍隊は解体されたが、警察予備隊から自衛隊が生まれた。陸上自衛隊坂妻駐屯地（御殿場市）の第三十四普通科連隊の別名もまた橋部隊という。昭和五十二年には軍刀を手にする橋の銅像も建立された。未来のために命をかける「隊員の誇り」の象徴とされる。そして昭和六十年九月、サイパン島で玉砕した伊藤部隊の碑が、生存者有志の尽力で建った。

平成十七年（二〇〇五）になり、六月二十七日から二十八日にかけて、戦後慰霊の旅を重ねる天皇明仁と皇后美智子は、太平洋戦争激戦の地であるサイパン島を訪問した。そして、多くの日本人が自決した北端の「バンザイクリフ」に向かって深々と頭を下げた。この天皇皇后のサイパン慰霊に随行した島田市の大池清一マリアナ会会長（故人）が、懸命に戦った当時を砂浜に腹ばいになって再現した。天皇は「長生きしてください」とねぎらった。皇后は「砂が熱かったでしょうね」と、そっと砂に手をあてた。

「自衛隊は天皇をどう思っているのでしょうか」と身近な関係者に聞いた。皆、沈黙した。

平成 17 年 6 月、多くの日本人が身を投げた、サイパンのバンザイクリフに向かって黙とうされる天皇、皇后両陛下（共同）

サイパンの砂浜で腹ばいになり、天皇、皇后両陛下に当時の様子を説明するマリアナ戦友会の大池清一さん（代表撮影・共同）

ある席で、ある人がこういった。
「天皇に頼らなくてもすむ時代になったのではないか」。

沖縄普天間基地移設問題がとりざたされる平成二十二年（二〇一〇）、日米で共同使用している東富士演習場（御殿場市など）に「密約」があることが明らかになった。昭和四十五年（一九七〇）一月当時の米側の議会議事録には、米軍に年間最大二七〇日の優先使用権があると記載されていたのである。優先使用権の存在は演習場を米軍の支配下にもどせることを意味しており、「米軍は従」と信じられてきた静岡の基地問題に大きな波紋を投げかけた。

戦後日本は、天皇と軍隊の二つの問題を棚上げにしてきたといわれる。米国に従属しながら平和と繁栄を享受してきた戦後日本が、天皇と軍隊の問題の具体的な解決を求められはじめた時、社会のしくみはどのように変わっていくのだろうか。


国立中央青年の家　ところで、御殿場市の陸上自衛隊東富士演習場や米軍キャンプ富士から富士スカイラインを少し西方に行くと、国立中央青年の家がある。

国立中央青年の家は昭和三十四年四月、当時皇太子であった天皇の結婚を祝って創設された。文部省（現・文部科学省）管轄の青少年宿泊研修施設であり、キャンプ場や宿泊棟、研修棟などがあり、全国の青少年教育施設の中核的な役割を果たしている。

平成十年（一九九八）十一月にその存続問題が持ち上がった。中央省庁等改革推進本部（本部長は小渕恵三首相）が認めた行政スリム化計画大綱の原案で、全国の国立青年の家が独立行政法人化ではなく地方移管、民営化、もしくは廃止の検討対象となったからである。

この時、存続を願う地元の団体が御殿場市長に要望書を提出した。そこには、中央青年の家が昭和三十年代初頭に米軍施設と演習地返還問題をめぐる議論の末に現地に誘致され昭和三十四年に皇太子成婚を記念して開設された経緯と、青少年の心の教育を進める中核施設としての重要性が力説されていた。

翌平成十一年九月には、現皇太子の徳仁親王夫妻を迎えて、開所四十周年記念式典がなされた。雅子妃ははじめての訪問であったが、徳仁は昭和三十七年八月、二歳の時に第三回ジャンボリー大会に参加して、その後、昭和五十三年の第七回日本ジャンボリー、昭和六十二年の第五回日本アグナリーと、ボーイスカウト関係の集まりに何度か参列していた。平成元年には青年の家開所三十周年式典に、そして平成二十一年の五十年式典にも参加したのであった。

Ⅲ　興津の海

1　坐漁荘の警備

ホットライン　「昭和十一年の二・二六事件発生の時に、木戸幸一からかかってきた電話はここで女中頭の漆葉綾《うるしばあや》さんが受けたのです」と、坐漁荘《ざぎょそう》ボランティアの川口金吾さん(74)が説明してくれた。

当時、内大臣秘書官長の職にあった木戸幸一は、事件勃発と興津に向かう反乱軍の情報をいち早く興津の西園寺に伝えたのである。坐漁荘には、木戸はじめ中枢部とのホットライン(緊急用直通電話)が整備されていた。

西園寺の警備主任をつとめた増田壮平警部補の記した『坐漁荘秘録』によれば、「お綾さん」と呼ばれていた漆葉綾は、電気ストーブの暖かな部屋で寝ていた西園寺を起こして電話の内容を伝えた。西園寺は「またやりおったのか、困ったもの共だ」とひとりごとを言って、また眠ってしまった。

同じころ、静岡県警察部から坐漁荘の警備詰所に、反乱軍人数名を乗せた自動車が熱海に向かったとの電話が入った。清水署からは六〇名の警察官が駆けつけて緊急配備についた。西園寺は、静岡市内の警察部長官舎に誘導された。一方、坐漁荘には「身代わり」が西園寺に扮して平然と部屋に座していた。夕刻、西園寺は県知事官舎に移り、いつものように晩酌二本を傾け、「落着きはらっておられた」という。この間、偶然に京都から駆けつけた秘書の中川小十郎が西園寺の身辺の世話をした。軍部では中川が事前に反乱軍の情報を知っていたと疑い、訊問をしている。

結局、興津襲撃はなかった。熱海に向かった反乱軍人というのは、湯河原の牧野伸顕を襲撃した一隊が、警護の警官に撃たれて重傷となった河野寿大尉を入院させるための動きであった。一隊は、警戒にあたった熱海署の巡査に機関銃で威嚇しただけで、西園寺を襲撃する意図はなかった。

そもそも西園寺を殺した場合、後継首班を推薦する人物がいなくなり新内閣の成立が難しくなるとの判断から、興津襲撃は計画の最終段階で中止となった。反乱軍の将校は「純真な動機」を主張するが、裏では閣僚の座を狙う野心家たちが跋扈していたのである。

バリアフリーの坐漁荘　元老の西園寺公望が晩年に住んだ坐漁荘は、大正八年（一九一九）に建築され、戦後の昭和四十三年（一九六八）に愛知県犬山市の明治村に移築された。

その後、建設当時の設計図をもとにして興津に復元して、平成十六年（二〇〇四）四月から一般公開した。延べ床面積はおよそ九〇坪（二九六平方メートル）で、木造数寄屋造りの二階建てである。

玄関を上がると海側に次の間がある。入るのに、やや頭をかがめた。「西園寺さんは背が低かったのですか？」と聞くと、「一六九センチ」あったという。次の間とこれに続く居間は茶室風に造ったので鴨居が低かったのだ。

次の間は、寝室に使っていた。海側はガラス張りで、当時は三保の松原を沖に見ながら、駿河湾の光をぞんぶんに浴びることができたろう。かつては庭先から砂浜におりられたが、今は埋め立てられて、庭に座って海岸線を見るのは難しい。

洋間、ベランダと続くが、どの部屋も敷居、畳、廊下に段差がなく、「バリアフリー」の設計であった。「住まわれたころはもう高齢でした」と、川口さん。嘉永二年（一八四九）生まれの西園寺は、坐漁荘建築当時に七十歳になっていた。

山側（旧東海道側）には女中部屋や台所、警察詰所などがあった。木戸の電話を最初に受けたのは女中頭の部屋であった。そこから西園寺や警察につなげられた。

二階には床の間のある和室がある。坐漁荘を訪問してくる政財官界の要人らとの会見に使われた部屋だ。海に面したその眺望は素晴らしかったことだろう。出入りの際に、当時のまま復元された鶯張りの廊下が「きゅっきゅっ」と鳴った。

近代史の舞台　坐漁荘は、近代史の一つの舞台であった。明治以後、伊藤博文、山県有朋、黒田清隆、井上馨、松方正義、西郷従道、桂太郎らが元老となったが、昭和初期にはひとり西園寺公望が、最後の元老として昭和天皇のもっとも篤い信頼を受けた。多くの政治家も西園寺を頼り、坐漁荘に足を運んだ。「興津詣」「西園寺詣」という言葉も生まれた。

二・二六事件のあった前年の昭和十年だけでも、総理大臣の岡田啓介が一月と五月に、貴族院議長の近衛文麿が二月に、内大臣の牧野伸顕が六月に、後任の内大臣となった斉藤実が十二月に、それぞれ坐漁荘を訪問している。木戸幸一も一月、四月、十二月に来ていた。そのほか外交官の太田為吉、有吉明、松平恒雄、西園寺の実弟である住友家の住友吉左衛門（友純）、小倉正恒、宮内官僚の白根松介、入江貫一らそうそうたる顔ぶれが、坐漁荘に入っていった（増田壮平『坐漁荘秘録』）。

他方、「親英米派」「自由主義者」と称された西園寺を狙う軍国主義者や右翼も興津に出没した。そのため興津では特別の警備体制がとられた。

勝間別荘から坐漁荘へ　西園寺がはじめて庵原《いはら》郡興津町に来たのは大正五年（一九一

表11　坐漁荘警備の変遷

大正5	1916	勝間別荘	派出所勤務員７人が１人ずつ交代
8	1919	坐漁荘	私服１人が５日交代、詰所の警備員が昼夜巡回
10	1921		原敬狙撃で強化、警備主任配置、９人体制の隔日勤務
11	1922		避暑中の便船塚別邸も警護
13	1924		警備縮小、５人体制
昭和2	1927		巡査部長を警備主任とする
5	1930		浜口雄幸狙撃で強化、特別専務員２人を配置
7	1932		５・１５事件により強化、警備員２０人に増加
11	1936		２・２６事件により強化、清水警察署より６０人来援、事件の鎮静化により従来の体制に、その後常時警備員減員
15	1940		西園寺の逝去により警備終焉

『静岡県警察史　下巻』より作成

六）十二月三十日という。昭和十五年（一九四〇）十一月二十四日に亡くなるまでの二十四年間、静岡県警察は興津滞在中の西園寺の警護を続けた。

そのあらましは、表11にまとめた。まず、大正五年に西園寺が水口屋勝間別荘に入ってから、大正八年のパリ講和会議に首席全権委員として出席するまでの四年間は、興津町巡査部長派出所勤務員七人が一人ずつ交代した。夜間のみ別荘の周辺を警戒する程度で、警備上の問題も特に生じなかった。平穏な社会情勢の時代であり、西園寺が興津に滞在したのも五ヶ月ほどしかなかった。

坐漁荘に永住する　その後、大正八年十二月十日、パリ講和会議から帰国した西園寺は竣工したばかりの坐漁荘に入り、以後、永住することとなった。この時期には江尻警察署の私服警察官が一人派遣され、五日交代で警護にあたった。警護員は詰所に待機して、昼夜それぞれ二〜三回、坐漁荘の内外を巡回し、西園寺の外出時には約一〇〇メートル後方を随従した。警護警察官の特別手当は一日二円五〇銭だった。当時の巡査の初任給は月額二〇円だったので、かなり優遇されていたのだろう。

原敬刺殺で強化　大正十年に原敬首相が刺殺される事件が起きたため、西園寺の警備も強化され、大正十一年から警備主任（警部）が配置され、江尻警察署の警部、巡査部長、巡査七人の計九人の体制となった。警部は日勤、巡査部長以下八名は二班に分かれて隔日勤務とした。全員私服で、ステッキあるいは棒を所持していた。昼夜とも正門と邸裏付近の二ヶ所に一名ずつ立哨し、哨舎がないため適宜移動して警戒に当たった。ほかの二名は詰所で監視と休憩を交代した。

御殿場の便船塚別邸へ避暑　大正十一年以後、西園寺は七月中旬から九月中旬まで避暑のため駿東郡御殿場町東田中の便船塚《びんせんづか》別邸で過ごしたので、同邸の警護も担当した。同邸は広大で地理的にも警護に不利な上、気候も不順なので、苦労が多かったという。

大正十三年九月十五日からは警護体制が縮小され、警部、巡査部長、巡査三名の五名となった。勤務内容も変わり、警部は従来通り日勤だが隔日夜勤となった。巡査部長と巡査は二名ずつ二組となり、当直の場合は一時間交代で監視と休憩をした。午前八時から午後五時までの開門中は正門で立哨、夜間閉門中は邸内を巡回した。

浜口首相狙撃で強化　昭和二年十月十九日、巡査部長が警備主任となり、巡査を四名とした。社会情勢はしばらく平穏であったが、昭和五年十一月に浜口雄幸首相が狙撃されたため、西園寺への警護も強化され、同年十二月六日、日勤の警備主任のほか、巡査六名を二分して、当番のうち一人は表門監視、一人は裏門警戒、一人は休憩とし、一ヶ所一時間の立番勤務体制をとった。

また、特別専務員二名を設けて興津町巡査部長派出所に勤務させ、不穏行動の恐れある者の潜入を察知し、容疑人物の発見に努めさせた。二名のうちの一名は西園寺警備専務員。もう一人は興津町巡査部長派出所の巡査として、昼間は警邏《けいら》、戸口調査、検索をそれぞれ一時間ずつ連続三時間勤務をして、三時間休憩した。夜間は警邏と検索に務めた。さらに昼夜を問わず、警邏のたびに興津駅に立ち寄り、駅の取締をした。

相次ぐテロ　昭和七年に前蔵相の井上準之助や三井の団琢磨《だんたくま》が狙撃されるなど、血盟団によるテロが横行した。これらの事件に先立ち、血盟団では西園寺暗殺も企て、団員の池袋正釯郎が首領の井上日召から渡された小型拳銃と実弾を携帯して、二月三日に興津町に入り二十七日まで清見寺に滞在した。この間、富士川沿岸で試射をなし、坐漁荘付近を徘徊して西園寺の動静をうかがった。三月五日に西園寺が上京すると、新橋駅の警備状況を視察し、西園寺の退京を待って事を起こそうとしたが、目的を遂げられなかった。

五・一五事件の緊張　その後、五・一五事件が発生し、清水警察署から警部補が坐漁荘に派遣され、警備員も二〇名と増員された。三人一組で班をつくり、表門警護、裏門警護、休憩を一時間交代でなした。「西園寺公爵警備専務員心得」も制定され、「警備隊の服装は制服とし『ゲートル』を使用すべし」「秘密を厳守し警備配置に就きたるときは職務上の応答の外濫に談話すべからず」とある。また、非番員も交代で興津町に臨時滞在する者の戸口調査をしたり、町内の要注意人物の発見検挙に努めた。そして警備担当者に拳銃と実弾が配分されるなど、警護する側の緊張も高まった。

少年血盟団事件　このころ、右傾の少年七人が西園寺ら政財界の要人暗殺を企てた「興国東京神命党事件」が起きた。少年血盟団事件とも呼ばれる。頭首は当時十八歳の少年であり、昭和九年七月初旬ごろから十一月ごろまでに東京市内にて同志六人を勧誘し、決起を促したのであった。はじめ「愛国日本覚醒党」を結成し、のちに「興国東京神命党」と改称した。西園寺を担当した頭首は、調達した刃渡り七寸の匕首《あいくち》を所持して十二月三日に興津町に着き、坐漁荘周辺を調査した。五日午前八時に決行しようと紺絣羽織姿で詰所に向かい、西園寺への面会を求めたが、警護員は懐の匕首に気づいて瞬時に取り押さえた。少年を取り調べた結果、組織の全容が判明して、残り六人も東京にて検挙された。

避難する西園寺　そして二・二六事件の時、軍人数名が乗車した自動車が熱海に向かったので厳重警戒の要ありとの情報があり、清水警察署長が署員六〇名とともに来援し、坐漁荘の警備にあたった。警察部長は、すでに木戸幸一からの電話で事件発生を知っており、迅速に西園寺を避難させていた。西園寺のいる知事官舎を百数十名が警備し、万が一の時は官舎に隣接する県衛生試験場内の細菌培養室に移る計画もあった。結局、襲撃はなく、翌二十七日午後三時過ぎに坐漁荘に戻った。

以後も現役軍事の動向は注視され、二十八日に静岡憲兵分隊長は清水警察部長へ「現役軍人旅行者取扱に関する件依頼」を発し、旅行現役軍人には旅行許可証明の提示を求め、提示のない者は憲兵隊員の到着までその場に抑止するように命じた。

有事の計画案　有事の避難計画では、自動車の常備はもとより、緊急の際には西園寺を籐椅子に乗せてかつぎだせるようにいていた。また海路避難も検討されており、県沿岸警備船「天城丸」（六〇トン）を巴川河口に常時待機させ、夜間は別に清水水上警察警備船「美保丸」を坐漁荘の裏海岸二〇〇メートルの場所に待機させた。その避難の手順は、まず西園寺を警務課長が背負って端舟に乗り、中川小十郎秘書と女中頭の漆葉綾が同乗し、武装警察官二名（警部補）がつきそって本船に移り、さらに時間があれば、もう一度端舟で武装警察官を乗船させることとした。乗船後の進路は警務課長が考慮し、西園寺が「美保丸」に乗船して出航した後は、残留員は県沿岸警備船の天城丸か富士丸に電話で手配し、「美保丸」の出航方向に出航させるようにする計画であった。

二・二六事件後　二・二六事件発生時に坐漁荘警備は六〇名に増強され、各警察署から柔・剣道に秀でた者が派遣された。従来の警備のほかに、制服員八名、私服員八名を二班に分けて、坐漁荘周辺の警戒を続けた。

また、反乱将校たちが自動車を利用したので、隣接県境や県内主要道路の厳重な検問をした。富士川橋西端に四名、天竜川国道鉄橋に四名、三ヶ日巡査部長派出所に四名、熱海伊豆山駐在所に三名、東海道丸子に三名、東海道安倍川に三名、そのほか沼津、原町、掛川町、新居駅など合計二十三ヵ所に四六名が張り込みをした。各駅に乗降する現役軍人視察のため、各駅には駅警戒班も設けられた。同様に、御殿場の別邸の警備も厳重になされた。もし警察力で防御できない場合は、知事から師団長へ出兵を要請する準備も整えていた。

しかし事件は鎮静し、西園寺が三月二日に時局収拾のために上京したことにより、臨時の応援警察官はみな引き揚げて、四月十日以降は、従来の警備体制にもどった。その後、常時警備員も減員され、昭和十五年十一月二十四日、西園寺が亡くなることによって、四半世紀にわたる興津坐漁荘の警護は終わった。

2　大正天皇遊泳碑

船のマストと誤認

「潜水艦の潜望鏡から見ると船のマストに見えたのでしょうね。魚雷は不発のまま陸に上がりました。見に行きましたよ」と、興津の山田昭次さん（76）は回想する。「戦争末期には駿河湾に潜水艦が入ってきましたからね。海水浴の碑は、魚雷に狙われたのです」。

昭和三十年ごろ山田さんが撮影した写真には、波が寄せる岩礁の上に立つ「皇太子殿下御海水浴跡」の碑がある。大正天皇が皇太子時代に興津で泳いだ記念碑だ。山田さんは写真館の主人で、興津の昭和史をカメラに残してきた。現在、碑は清見寺の山門から少し歩いた道路の端にある。陸地に移したわけではない。海岸が埋め立てられたのだ。かつてはそこが砂浜であり岩場であった。碑のそばで遊泳を楽しむ当時の人たちの写真もある。

遊泳碑の昔と今の写真を見せると、多くの人は「碑を移したんじゃないの」といぶかしむ。それほどに景色は変わってしまった。昭和三十七年以後に埠頭工事がはじまって埋め立てが進み、今は遊泳碑から海岸までの間に工場や高架橋がある。


坐漁荘出入りの写真店　「昭和二年の父の代からの営業です。坐漁荘の西園寺公望さんのところにも出入りしました。西園寺さんは写真嫌いでしたが」と、大判の写真を何枚も見せてくれた。興津駅のホームにステッキを持って椅子に座る西園寺が写っている。西園寺の葬儀にねんねこばんてんで集まった近隣の人びとの写真もある。西園寺の別荘の坐漁荘が海辺にあったことも示している。「坐漁荘からは駿河湾が見晴らせたと聞いたので、絶壁の上にあるものと思ってました」と言うと、「庭から浜に出られましたよ」と笑われた。

大正天皇遊泳碑から静岡側へ少し歩くと坐漁荘の裏になる。今は道路や公園になってしまったが、昔は同じ浜辺であった。西園寺は波しぶきをうける遊泳碑を、庭に座しながら見ていたのだろう。

戦後、水口屋に泊まって庭でくつろぐ昭和天皇と皇后の写真もある。シャッターチャンスは難しかったが偶然撮れたという。戦後でも「陛下、ポーズを」とは言えなかったろう。

「宮様まんじゅう」　山田さんは柳田芙美緒のことも知っていた。「同業者ですから。でも、私はああいう写真は撮れなかった。戦後、街道を通る多くの被災者を見たが、撮す気持ちにはなれなかった」。被写体への心のあり方が、それぞれの作品の違いとなるのだろう。山田さんも島田の「黒大奴」が大好物だという。甘党なところが柳田と似ていた。

興津の名物を聞くと、「宮様まんじゅうでしょうね」と教えられた。水口屋の隣に、「献上銘菓　宮様まんぢう」と書かれた看板があった。店名は「潮屋」。店内に、貞明皇后（大正天皇の皇后）を中心とした皇室の人びとの写真や、大正天皇が皇太子時代に買い上げた菓子の一覧が掲げてある。皇太子が興津で泳ぎ、その時に一口で食べられるようにと出したという。宮内省から「宮様」の名の使用が許可されて商標とした。昭和天皇と皇后が水口屋に泊まった際に出したのが、この饅頭だ。「陛下もお気に召されました」という。

西園寺が有名にした興津　「興津は、西園寺さんがいたので有名になりました」と、山田さんは言う。西園寺は当時、元老として若き昭和天皇の相談役として頼られ、後継首相推薦の労を担った。東京から政財官界の要人たちが頻繁に興津にやってきて、「西園寺詣」あるいは「興津詣」と呼ばれた。要人たちは水口屋に泊まり、坐漁荘に呼ばれるのを待った。

山田さんは「西園寺さんのおかげで興津はハイカラでした」と語る。西園寺が食料品を買

興津の皇太子遊泳碑

う三ッ星屋には大きな食パンやハムの缶詰があった。ライオン食堂のオムライスは人気だった。「長い食パンをスライスする機械もありました」。昔は、焼きたてのパンを斤単位で買って、それを何枚かに切ってもらったりした。昭和四十年代まで全国各地で見られた光景だが、興津ではそうした文化がいちはやく入っていた。西園寺がいたからである。

「お使い小僧」　昭和初期の原田熊雄のメモをもとにした『西園寺公と政局』を読むと、当時の政局の困難さや、原田の多忙ぶりがうかがえる。昭和三年の張作霖爆殺事件に続き、ロンドン軍縮条約調印問題、経済不況、テロとクーデターの横行、そして昭和六年以後の中国への戦線拡大。杖をついて時局打開のために上京する八十歳代後半の西園寺の写真が痛々しい。

西園寺は次期首相を天皇に奏請する立場にあったので、自己の勢力を有利にしたい野心家たちは、自分たちを売り込んだり、西園寺の本音を聞き出そうとしたりした。

元老としての情勢判断のための情報収集は自称「お使い小僧」の原田熊雄が奔走した。原田は老齢の西園寺の代わりに常に東京と興津を往復し、政財界の要人たちと興津の西園寺との間の意見の調整をはかった。静岡と東京の間は、普通列車で片道およそ四時間、準急で三時間半かかっている。原田は、急用の時は日帰りで何度も往復した。

中川小十郎　「原田さんは情報収集係で、西園寺さんの秘書といえば中川小十郎さんです」と坐漁荘ボランティアの川口金吾さんは言う。中川家が戊辰戦争以来、西園寺に仕えていた関係もあり、小十郎は帝大の学生時代から神田駿河台の西園寺邸に出入りした。その後、文部省に入って西園寺の右腕として働き、京都帝国大学創設などに関わった。第一次西園寺内閣では総理大臣秘書官をつとめている。
昭和十五年（一九四〇）に腎盂炎と診断されて病床についていた西園寺は、十一月二十四日に息をひきとる。九十二歳だった。主治医の勝沼精蔵をはじめとする二名の医者と、看病にあたった娘の高島園子、女中頭の漆葉綾らが見守った。中川は養嗣子の西園寺八郎、原田熊雄らとともに隣室に控えていた。西園寺という自由主義の砦を失った日本は、一層の軍国化を進め、翌昭和十六年に太平洋戦争に突入する。

西園寺に無償提供　ところで、水口屋は西園寺のおかげで随分と繁盛したのだが、実は水口屋二代目の半次郎は坐漁荘の土地を西園寺に無償で譲渡したという説がある。四代目は、「祖父はそんなに気前がよかったわけではないでしょうが、差し上げれば、もっと大きな得をすることを心得ていた」と語っている（スタットラー著・斎藤襄治訳『東海道の宿　水口屋ものがたり』）。

二代目の半次郎がどこまで算盤をはじいたかはわからないが、坐漁荘がなければ東海道線開通後の水口屋の存続は風前の灯火であったろう。譲渡が事実なら賢明な判断だったといえる。

歴史の古い水口屋　水口屋の歴史は古く、戦国武将で名高い武田信玄の家来の望月が興津に駐屯させられ、期せずして宿を経営するようになったのが元祖という。そのはじめは天正十年（一五八二）ごろと推測されている。秀吉は小田原攻めの往復に清見寺に滞在し、興津は賑わい、望月のもとに泊まる客も増えた。家康が天下を統一した時代には、江戸に向う大名たちが興津での宿を必要とした。慶長六年（一六〇一）に、幕府は東海道に五十三次を設けた。家康が隠居すると静岡（府中）の宿は混雑し、興津泊りが「利巧なやり方」とみなされた。

三浦按針ことウィリアム・アダムズも何度も泊まっている。按針は、日本に渡来した最初のイギリス人であり、オランダ船の航海士であった。慶長五年（一六〇〇）に豊後に漂着し、家康の信頼を得て外交顧問となった。相模国三浦に二五〇石の所領を与えられた。「按針」とはポルトガル語で「水先案内」を意味する。按針は府中の家康に会いに行くたびに興津に泊まったのであろう。

家康も按針（アダムス）も亡くなった後の元和六年（一六二〇）、望月も他界した。その喪明けに望月の息子がはじめて「水口屋」と記した看板を家の前に掲げた。宿屋としての名がついたのである。

脇本陣の利　その後も興津は宿場として繁栄した。江戸時代の朝鮮や琉球の使節たちは興津ではいつも清見寺に泊まったが、使節より地位の低い人びとは興津の町中の宿屋に泊まったので、水口屋もそうした宿屋の一つとなった。もともと興津の本陣は手塚家であり、明治元年の天皇東幸の際も手塚本陣に泊まっている。しかし、明治二年以後は手塚本陣ではなく清見寺に泊まった。手塚家は「時世に戸惑い、それを憎んで本陣を閉め、古く美しい部屋がかびくさくなって行くにまかせた」と、スタットラーは記す。

「本陣は大名のための宿であって、そのために維新後の対応ができなかった。脇本陣であった水口屋は、大名以外の宿泊客を泊められた」という声もある。大名行列は廃れるが、商人、物見遊山の客、巡礼などが引き続き街道にあふれていることに水口屋は着目し、数百万の庶民相手の宿を考えたというのである。

3　水口屋と清見寺

興津に集まる政治家たち

維新後の水口屋を発見したのは土佐民権派出身の政治家である後藤象二郎であった。後藤はしばしば興津を訪れ、その眺望を愛した。青一色のその景色から水口屋を「一碧楼」と呼ぶようになった。

その後、明治二十九年（一八九六）に井上馨が長者荘を構え、長州閥はじめ多くの政治家たちが興津に集まった。明治四十年に旅館の海水楼が実業家の川崎正蔵（のち男爵）の別邸となった。大正七年（一九一八）には井上馨の甥で伊藤博文の養子となった伊藤博邦の独楽荘が、翌八年には西園寺の坐漁荘が、それぞれ完成した。

興津を訪れる人びとも増えて、水口屋は繁栄した。明治以後、政治家の岩倉具視、三条実美、西園寺公望、清浦奎吾、歌人の落合直文、伊藤左千夫、尾上柴舟、与謝野晶子、小説家の夏目漱石、志賀直哉、有島生馬、船橋聖一、華族女学校教師のアリス・ベーコン、評論家の高山樗牛、実業家の岩崎小弥太らの名が水口屋の宿帳に残る。

水口屋以外の、身延楼、海水楼、東海ホテルなどにも、井上毅、伊藤博文、松方正義ら政界要人はじめ、幸田露伴、寺田寅彦、若山牧水、菊池寛、窪田空穂、堀口大学ら文人が滞在し、興津は繁栄した。

西園寺公望が興津に移り住んだ大正八年以後は、「西園寺詣」あるいは「興津詣」とよばれる政財界要人たちの興津訪問が促された。水口屋は要人たちの常宿となって、大正後期から昭和初期にはその名をさらに高めた。

そして、表12にあるように、皇族たちも清見寺、長者荘、川崎別邸、独楽荘などに滞在して興津の勝景を楽しんだりしたのであった。とくに、明治期に、皇太子嘉仁のみならず、昭憲皇太后や有栖川宮、伏見宮など多くの皇族が清見寺を訪れたことがわかる。昭和になって今上天皇の弟である義宮正仁（常陸宮）が伊藤博邦の独楽荘にしばしば滞在していたのも特徴的だ。

オリバー・スタットラー

昭和戦後、興津と水口屋の名を世界に知らしめたのが、オリ

表12　皇族の興津訪問先一覧

年		月	日	皇族名	訪問先	備考
和暦	西暦					
明治2	1869	3	23	明治天皇	清見寺	
9	1876	11	24	昭憲皇太后（明治天皇の后）	同	
10	1877	1	15	英照皇太后（孝明天皇の后）	同	
20	1887	1		北白川宮能久妃富子	同	
		8		伏見宮貞愛	同	
		同		有栖川宮熾仁・同妃董子	同	
21	1888	10		有栖川宮威仁	同	
22	1889	4		伏見宮文秀	同	2月、東海道線開通し興津駅開業
		7	20	皇太子嘉仁（大正天皇）	同	清見潟で海水浴
23	1890	1		山階宮菊麿	同	
		7	27	皇太子嘉仁	同	清見潟で海水浴
24	1891	7		有栖川宮威仁妃慰子	同	
25	1892	2	1	常宮昌子・周宮房子	同	
29	1896	9		有栖川宮威仁妃慰子・有栖川宮栽仁	同	1月、井上馨が長者荘を構える
30	1897	8		伏見宮禎子	清見寺	
		9		伏見宮貞愛	同	
31	1898	1		小松宮依仁	海水楼	
32	1899	1	22	皇太子嘉仁	清見寺	
34	1901	2	10	皇太子嘉仁	清見寺・長者荘	
		2		有栖川宮威仁妃慰子	清見寺	
		3	2	皇太子嘉仁	同	
		4		有栖川宮威仁	同	
35	1902	1	30	皇太子嘉仁	同	6月、園芸試験地開設
36	1903	1		有栖川宮威仁	同	
		3	8	皇太子嘉仁・同妃節子（貞明皇后）	同	
39	1906	3	10	昭憲皇太后	同	
		同	31	昭憲皇太后	同	
		4	10	昭憲皇太后	同	
40	1907	3	12	昭憲皇太后	長者荘	6月、川崎正蔵が海水楼跡を別荘に

		同	25	昭憲皇太后	農事試験場	
		4	9	昭憲皇太后	清見寺	
42	1909	4	10	昭憲皇太后	清見寺・農事試験場	
43	1910	2	24	昭憲皇太后	清見寺	11月、長者荘で銅像除幕式
44	1911	3	26	昭憲皇太后	川崎別荘	
45	1912	2	28	裕仁（昭和天皇）・雍仁（秩父宮）・宣仁（高松宮）	清見寺	
		4		皇太子嘉仁	長者荘	
大正4	1915					4月に長者荘で園遊会、9月に井上馨逝去
5	1916					12月、西園寺公望が水口屋勝間別荘に滞在
7	1918					7月、伊藤博邦の独楽荘完成
8	1919					9月、西園寺公望の坐漁荘完成
昭和14	1939	1	9	義宮正仁（常陸宮）	独楽荘	
		11	20	義宮正仁（常陸宮）	同	
15	1940	12	20	義宮正仁（常陸宮）	同	11月、西園寺公望逝去
18	1943	1	18	清宮貴子	同	
20	1945					7月、空襲で長者荘焼失
32	1957	10	25	昭和天皇・皇后	水口屋	

フェルケール博物館編『水口屋・興津関係略年表』、坐漁荘編「興津を訪れた著名人」ほかにて作成

バー・スタットラーの著書『ジャパニーズ・イン』である。

スタットラーは大正四年（一九一五）にアメリカ合衆国イリノイ州シカゴに生まれ、シカゴ大学で学んだ。卒業後はシカゴ大学経理部で会計助手をつとめ、第二次大戦中は召集されてイリノイ州第三十三歩兵師団に配置され、ハワイ、ニューギニア、フィリピンを補給将校として転戦した。本国で休暇中に終戦となり、そのまま除隊となったが、日本への関心が高く、予算管理官の職を得て昭和二十二年（一九四七）に来日した。横浜で陸軍の予算会計係として勤務し、避暑のために訪れた興津の水口屋が気に入り、何度も泊まるようになった。また、横浜陸軍教育本部で開催された「創作版画展」を見て、現代版画に興味を持ち版画家たちを訪問したりするなど、日本版画の紹介と普及につとめた。

昭和三十三年（一九五八）に帰国したスタットラーは、昭和三十六年に再来日し、下田に滞在して『黒船絵巻』の執筆をしながら、米国大使タウンゼント・ハリスの調査をしたりした。

『ジャパニーズ・イン』　再来日した年にスタットラーは水口屋主人などの話をもとにした『ジャパニーズ・イン』を刊行し、これが米国で注目を浴びた。日本では三浦朱門が訳した『ニッポン　歴史の宿』が出された。

三浦は「訳者後記」で、「私は『歴史の宿』を読んでいるうちに、何度か、なるほど、こういう手もあったのだな、と首をひねった。つまり東海道の一軒の宿屋を通して、歴史をつかもうとするのが、この本の狙いであるらしい。芭蕉の文章に、『月日は百代の過客にして……』というのがあるが、実際、古い宿屋にとっては、歴史が最大のお客である。個々の客はそれとも知らずに、歴史の断片を、宿屋に残して行くのだ」。

『ジャパニーズ・イン』は昭和五十三年にも斉藤襄治の翻訳で『東海道の宿　水口屋ものがたり』として出版された。

スタットラーの著書は『ジャパニーズ・イン』以外にも、昭和四十四年に刊行された『下田物語』が昭和五十八年に金井圓ほかで翻訳されている。日本版画の本もまとめており、『よみがえった芸術　日本の現代版画』が邦訳された。

昭和五十五年には神戸女学院大学客員教授となり、平成十四年（二〇〇二）に亡くなった。遺書によりワイキキの沖に散骨され、所蔵した本や書簡などはハワイ大学図書館に収蔵された。

静岡国体での行幸　スタットラーは『ジャパニーズ・イン』の中で、昭和三十二年の昭和天皇と皇后の水口屋滞在の様子も詳細に描いている。

表13に示したように、昭和天皇は静岡で開かれた第十二回国民体育大会参列のため、昭和三十二年十月二十五日から三十日まで来県し、二十五日と二十六日の二泊を水口屋で過ごした。スタットラーは、天皇を迎える水口屋の準備の苦労や、警備・衛生管理などの徹底ぶりを具体的に記す。到着した時に、お茶と茶菓を運んだ。隣の「潮屋」の「宮様まんじゅう」を出した。かつて大正天皇が皇太子の時代に清見寺に滞在したおりに、出された小粒の饅頭である。東京の銘菓を注文する方法もあったが、あえて地方名物にしたのだ。

食事ごとに四代目望月半十郎手書きの献立表を添えて、付き人から各品の説明を述べた。二十五日夜は、前菜が栗塩焼、鶉《うずら》団子、栄螺《さざえ》壺焼など、刺身は伊勢蝦《えび》牡丹《ぼたん》造り、鉢肴は甘鯛興津干煮生姜という具合であった。水口屋では、天皇が洋食好きであることを知っていたが、和食専門の宿なので、無理に洋食を出さず、洋食的な和食にしたという。

苦労した一つに新聞があり、蒸気か消毒剤で滅菌してから出されたが、その際にふやけた新聞をのして乾かすために数名の女中がクリーニング場のありったけのアイロンを使ったという。

昭和天皇の思い　国体での宿を水口屋にしたのは天皇の意向だったといわれる。かつて元老として自分を補佐してくれた西園寺への思いが、興津へ足を運ばせたというのだ。昭和

表 13 昭和 27 年以後の静岡行幸

昭和	西暦	月	日	主目的	
27	1952	4	4	緑の週間記念植樹祭	東京駅＝三島駅・十国峠植栽地・三島駅＝東京駅
29	1954	11	4	伊豆旅行	東京駅＝三島駅・国立遺伝学研究所・沼津御用邸（泊）
			5		沼津御用邸滞在（馬込船着場より内浦湾にて採集、午前と午後）
			6		沼津御用邸・天城営林署本谷修練道場・今井浜今井荘・教育大学下田臨海実験所・今井浜今井荘（泊）
			7		今井浜今井荘・教育大学下田臨海実験場・堂ヶ島（松永別邸）・中狩野小学校・沼津御用邸（泊）
			8		沼津御用邸・沼津駅＝東京駅
32	1957	10	25	第 12 回国民体育大会	東京駅＝静岡駅・静岡県庁・社会福祉法人恩賜財団済生会・日本軽金属蒲原工場・水口屋（泊）
			26		水口屋・国体開会式場（県営草薙陸上競技場）・静岡市立体育館・雙葉学園体育館・後藤缶詰会社工場・清水港岸壁・水口屋（泊）
			27		水口屋・県立藤枝東高校・県立掛川西高校・磐田温室園芸組合・浜松田野口公園バレーボール競技場・内外編物会社浜松工場・聴濤館（泊）
			28		聴濤館・県立三方原学園・電源開発秋葉建設所野立所・電源開発佐久間発電所流静クラブ・第 1 展望台・堰堤・第 2 展望台・発電所・電源開発秋葉建設所野立場・聴濤館（泊）
			29		聴濤館・浜松駅＝富士駅・吉原市体育館・社会福祉法人芙蓉会・大昭和製紙会社鈴川工場・県立沼津西高校体育館・芝浦機械製作所，三養荘（泊）
			30		三養荘・沼津駅＝東京駅

40	1965	4	20	静岡・神奈川両県巡幸	原宿駅＝三島駅・国立遺伝学研究所・三島駅＝小田原駅・富士屋ホテル（泊）
45	1970	3	15	万博帰途の伊豆訪問	京都駅＝三島駅・旧沼津御用邸・スカイポート亀石・川奈ホテル（泊）
			16		川奈ホテル・伊豆シャボテン公園・今井浜ガーデン・国民休暇村宿舎南伊豆荘・石廊崎航路標識事務所・下田東急ホテル（泊）
			17		下田東急ホテル・新御用邸建設地・伊豆急下田駅＝原宿駅
49	1974	2	19	静岡・清水・焼津視察	東京駅＝静岡駅・石垣いちご栽培地・県柑橘試験場・三保文化ランド三保会館・東海大学海洋科学博物館・東海大学海洋部臨海実験場・日本平観光ホテル（泊）
			20		日本平観光ホテル・焼津魚市場・県水産試験場・県立漁業高等学園・焼津グランドホテル・登呂遺跡・静岡駅＝東京駅

天皇は即位した時は二十六歳、西園寺は七十八歳だった。孫と祖父ほどの年齢差があった。西園寺は昭和天皇の立場をよく尊重し、天皇もまた西園寺を信頼した。「そのかみの君をしみじみ思ふかなゆかりも深きこの宿にして」と、水口屋にて天皇は西園寺公望を偲んだ。

水口屋は、天皇の滞在で大きな栄誉を得て、繁盛した。しかし、その後、バイパスの完成などで宿泊客が減り、昭和六十年に四〇〇年の歴史に幕を閉じる。現在は、フェルケール博物館別館（水口屋ギャラリー）となった。

水口屋ギャラリーに、清見寺に運んだという膳や椀が展示されていた。聞くと、「清見寺は精進料理なので大正時代に遊泳された皇太子さまのお口に合わず、食事は水口屋で調理しました」と説明してくれた。昭和天皇の食事メニューを再現した写真もある。「陛下は日本酒を召し上がらないので、調理にも使えなかったそうです。どうしたのでしょうね」と首をかしげた。

歌枕の地　坐漁荘や水口屋の前の通り（旧東海道）を興津駅方面に歩くと、右が「大正天皇遊泳碑」で、左に清見寺がある。

清見寺は由緒ある寺である。もともとは天武天皇のころ東北の蝦夷に備えた関所で、清見《きよみが》関《せき》と呼ばれた。傍らに仏堂が出来て、これが清見寺の発祥とされる。寺の周囲の地勢は北側に山、南側に海を擁し、自然の要害となっていた。鎌倉、室町、戦国の長い時代を経て、徳川一門の帰依を受けた。今川の人質となっていた徳川家康が教育を受けた寺であり、家康が隠居して後も何度か来遊した縁があった。そして、江戸時代には東海道を往復する参勤交代の大名のみならず、朝鮮や琉球の使節も参詣して宿泊し、境内と眺望を愛でた寺としても知られる。寺の正面の山門の下には名勝清見潟が広がっていた。

明治になって、明治天皇が明治二年（一八六九）三月二十三日に二度目の東幸をした際に小休止した。明治十一年十一月五日の北陸巡幸の時にも立ち寄っている。明治二十一年には皇太子であった嘉仁親王（のち大正天皇）が海水浴のために滞在した。これを記念して清見寺の門を臨む海岸に建てられたのが、今も残る「大正天皇遊泳碑」である。碑には「皇太子殿下御海水浴跡」と記されている。

明治天皇の皇后であった昭憲皇太后もこの地を愛でた。沼津御用邸に行啓のたびに清見寺から清見潟や三保の松原を遠望して楽しんだ。当時あった東海ホテルの裏側の海岸を散策し、岩場から富士山を眺め、和歌の題材とした。万葉以来の歌枕の地だったのだ。

「玉座の間」 住職の一条文昭さん（51）に清見寺の堂内を案内していただいた。北側の奥に「玉座の間」があった。大広間の端に六畳ほどの別室があり、障子で囲まれて、正面に御簾がある。のぞくと中央に一段高い畳。玉座だ。ここに遊泳に来た皇太子嘉仁や明治天皇の皇后であった昭憲皇太后が座ったのだろうか。「玉座の間」の奥には明治天皇と昭憲皇太后の「御真影」がある。

玉座の裏側の廊下から厠に出られる。檜の朝顔と便座が、それぞれ二畳ほどの部屋にある。昔のまま保存しているらしく、貴重な歴史遺産である。

襖や柱を見て、気づいた。葵の紋なのだ。玉座の間の障子も鴨居も葵の紋だった。帰りぎわに「菊じゃないですね」と住職に尋ねると、「そうですね」と微笑んだ。

清見寺には、今川、武田、豊臣、徳川、皇室と多くの権力者が関わってきた。時には鐘を供出させられ、本堂を焼かれたこともあった。江戸は二六〇年、維新後から現在までで一四〇年、徳川家とのつながりのほうが長かったということだろうか。表12をみても、清見寺は明治になって皇室とのつながりが深まるが、大正期以後の来訪はない。

東海道線による分断　清見寺を昭和初期に聖蹟とした貴族院議員の井上清純は、明治のころと景観は変わらずと記した。しかし、写真を見ると清見寺前に電柱が並んでいるのが見える。鉄道が清見寺の前を通っているのだ。明治二十二年の東海道線開通により山門と本堂の間が、線路で分断されていた。清見寺からの遠望は変わらなかったかもしれないが、清見寺そのものの景は変わってしまった。

その後、昭和三十七年になって清見潟も埋立られて、かつての海岸には工場や道路ができた。海辺の岩場にあった皇太子嘉仁の海水浴の碑も、今は町中にある。清見寺から見た風景も大きく変わってしまった。ここを訪れた放浪の画家山下清は「清見寺スケッチの思い出」にこう書いた。

清見寺という名だな、このお寺は。古っぽしいけど上等に見えるな。お寺の前庭のところを汽車の東海道線が走っているのはどうゆうわけかな。お寺より汽車の方が大事なので

清見寺玉座

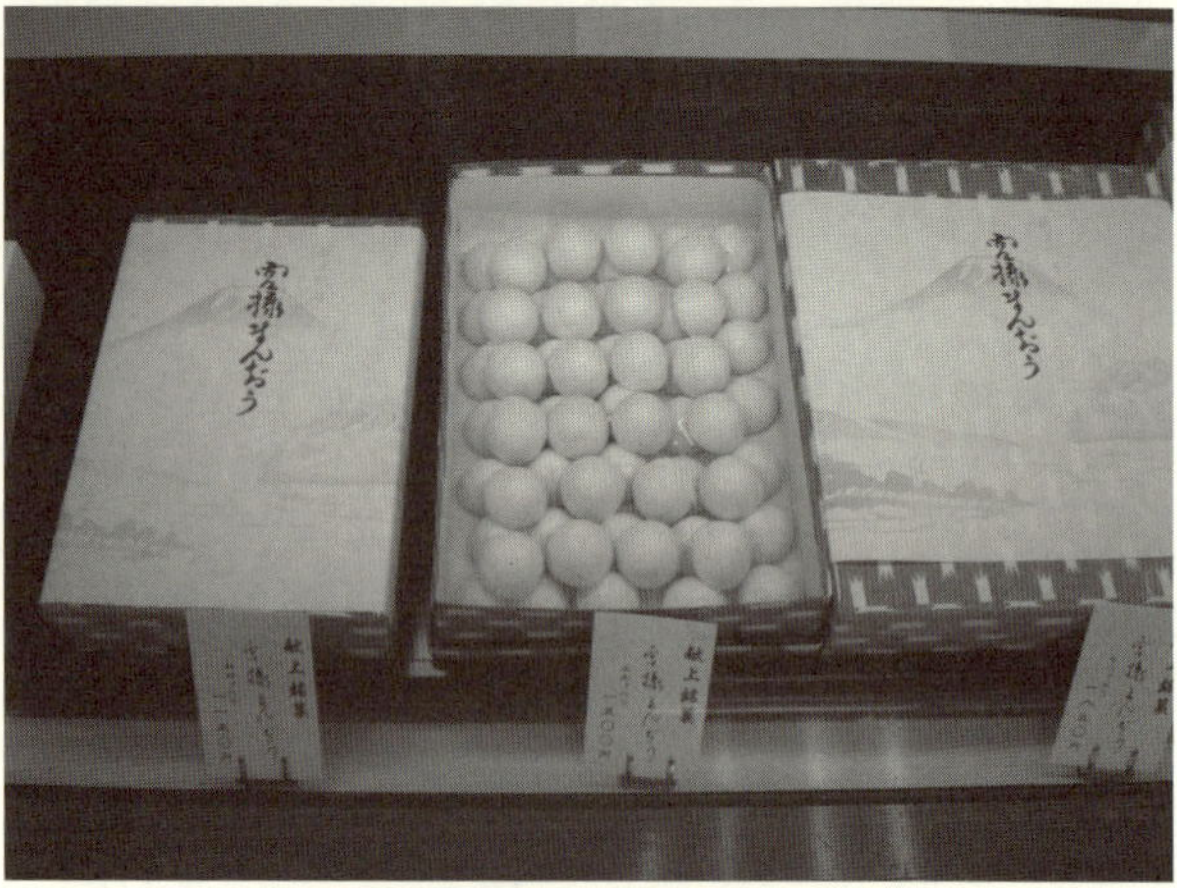

宮様まんじゅう

山下清
「清見寺スケッチの思い出」より
清見寺という名だな　このお寺は
古っぽしいけど上等に見えるな　お寺の
前庭のところを汽車の東海道線が走って
いるのはどうゆうわけかな　お寺より汽車の
方が大事なのでお寺の人はそんしたな
お寺から見える海は　うめたて工事であんま
りきれいじゃないな　お寺の人はよその人に
自分のお寺がきれいと思われるのが
いいか自分のお寺から見る景色がいい
方がいいかどっちだろうな
山下清の文

お寺の人はそんしたな。お寺から見える海はうめたて工事であんまりきれいじゃないな。お寺の人はよその人に自分のお寺がきれいと思われるのがいいか、自分のお寺から見る景色がいい方がいいかどっちだろうな。

この文章は温かみのある楷書体で、寺の前庭に高札のように置かれている。清見寺の気持ちを代弁するかのようだ。海水浴の碑から清見寺を見ると線路は隠れて、昔のままの威風堂々とした姿が見える。

4　皇室に仕えた旧幕臣

咸臨丸殉難碑　清見寺の庭には咸臨丸乗組員殉難碑がある。幕末・維新の任侠だった清水次郎長が建立したのだ。寺の堂内には殉難者の遺影も残る。

咸臨丸は江戸幕府が保有した軍艦であり、幕末に勝海舟を艦長とし福沢諭吉や中浜万次郎らを乗せて太平洋を横断したことで知られる。戊辰戦争では輸送船として働いたが、銚子沖で暴風雨のため艦隊から離脱して下田港に漂着した。清水港で修理した後、新政府軍に拿捕され、乗組員たちは戦死したり捕虜となったりした。

『明治天皇紀』の明治元年（一八六八）九月十八日には、「咸臨丸を鹵獲し、其の乗員を補斬す、其の上陸せし者は之れを府中駿河藩に禁錮す」とある。

この時、逆賊として海上に放置された遺体を、次郎長は「死ねば仏だ。仏に官軍も賊軍もあるものか」と収容し、清水市築地町（現・静岡市清水区築地町）に埋葬した。そして、当時、駿府藩にいた山岡鉄舟は次郎長のこの行為に感動して、以後、親密な交流を結んだと伝えられる。

望嶽亭　しかし、「山岡と次郎長はその前に知り合っていた」という説もある。山岡と交流があったから次郎長は咸臨丸の遺体を収容できたのだというのである。

山岡と次郎長は面識があったという説を裏づける根拠の一つが、望嶽亭（藤屋）に残された拳銃の逸話である。慶応四年（一八六八）三月、山岡が徳川慶喜の赦免を求めて江戸から駿府の西郷隆盛のもとに派遣されたことは有名だが、関係者や郷土史家のいくつかの文献によれば、この時、山岡が由比をぬけて薩埵《さった》峠にさしかかり、官軍に誰何《すいか》されて逃げたというのだ。

はじめは西郷の腹心であった薩摩の益満休之助と同行していたので、官軍の陣中を通過できたが、箱根で益満が体調を崩してしまった。山岡は一人で三島から由比まで来たが、薩埵峠で官軍に会って逃げた。官軍が鉄砲を撃ったので、山岡も拳銃で応酬しながら逃げ、峠の入口まで降りてきた。三月七日の深夜だった。

峠入口は間宿《あいのしゅく》の西倉沢で、山岡はそこの旅館である望嶽亭に逃げ込んだ。事の次第を聞いた当主の松永七郎平が「蔵座敷」にかくまい、漁師に変装させて、舟で海から江尻湊（清水港）に逃がし、望嶽亭となじみの次郎長のもとに預けられた。そして、九日に次郎長一家の護衛で久能街道から駿府に入って、無事、西郷と会ったというのである。

望嶽亭には、この時、山岡が置いていった拳銃が今もあり、往事の証拠となっている。

「会見を終えた山岡は帰途、望嶽亭に立ち寄って礼を述べ、拳銃をそのまま置いてきた」という。

現在のＪＲ由比駅から薩埵峠をめざして旧街道筋を一時間ほど歩くと望嶽亭に着く。目の前の右手には薩埵峠へ向かう急坂が続き、左手には駿河湾が広がり三保の松原が見える。山岡救出劇の舞台として申し分のないロケーションである。

山岡の奮闘で慶応四年四月十一日に江戸城無血開城が実現し、元号も変わって九月八日に明治元年となった。とすれば確かに、咸臨丸乗員埋葬より前に山岡と次郎長は出会っていたことになる。もっとも、望嶽亭の逸話の信憑性を疑う人もおり、確証はない。

牧之原開墾　さて山岡は天保七年（一八三六）に幕府御蔵奉行小野朝右衛門高福の四男として江戸本所大川端に生まれた。大塩平八郎の乱やアヘン戦争などのあった時代に育ち、父が飛騨郡代となり高山陣屋に移った。書、剣、禅などに励み、この間、槍の師である山岡静山の妹と結婚して山岡姓となる。安政六年（一八五九）には清河八郎らと尊皇攘夷党を結成し、文久三年（一八六三）の将軍徳川家茂上洛に際して先供として新徴組を率いて江戸と京を往復するなど、幕臣として活躍した。

江戸城無血開城後の慶応四年五月には田安亀之助（徳川家達）が駿河守七〇万石に封ぜられ、山岡も重用されて作業奉行格、大目付、若年寄格幹事役などを任された。明治二年九月二十日、山岡は静岡藩権大参事となり、旧幕臣の授産、無禄移住者の救済にあたった。

なかでも牧之原開拓は、徳川慶喜を警護するために山岡が率いた精鋭隊（後に新番組）が刀を棄てて開拓に加わったのがはじめとされる。徳川家達の援助のもと、勝海舟や山岡鉄舟の提言で、中条景昭ら旧幕臣が行ったものであった。明治十一年に、明治天皇がこれを賞賛したのである。

旧幕臣から侍従へ　精鋭隊歩兵頭格として徳川慶喜を警護した幕臣の山岡であるが、明治四年の廃藩置県後には新政府に出仕した。茨城県参事をつとめた後、侍従番長となって明治天皇の側近で奉仕するようになった。この抜擢には、旧幕臣の実力者で江戸城無血開城に尽力した勝海舟や大久保忠寛の推挙があった。以後、宮内少丞、宮内省庶務課長、宮内大丞、宮内卿代理、宮内大書記官、庶務内廷両課長、静寛院および華頂宮家政取締役、皇后宮亮、宮内少輔など宮中の要職を歴任して、明治二十年に子爵となった。この間、明治天皇や皇后（昭憲皇太后）の行幸啓の供奉などもつとめ、宮内省を辞して後も宮内省御用掛をつとめたりした。

山岡は、人材発掘などにもつとめ、たとえば京都の呉服商の娘であった岸田俊子を文事御用掛として宮中に出仕させた。岸田は明治九年に京都府庁主催の「文選」講義試験で十二歳ながら最優秀の成績をおさめて、明治十二年九月には平民出身のはじめての女官となり、皇后（昭憲皇太后）に『孟子』などを講義した。この岸田の推挙者が山岡と京都府知事の槇村正直であった。もっとも、岸田は明治十四年に病気を理由に女官を辞した。本当の理由は宮中の身分制などに嫌気がさしたからといわれる。岸田は後に女子民権家として活躍し、民権家で衆議院議長となった中島信行男爵の夫人となった。山岡の人物を見る目は確かだったようだ。

山岡鉄舟展　平成二十二年（二〇一〇）三月、静岡市の駿府博物館にて「山岡鉄舟と明治の群像展」が開かれた。展示品の中に、山岡が明治天皇から下賜された水指やギヤマン、御紋付銀盃などがあり、山岡への明治天皇の信頼の篤さがうかがわれる。

明治五年十二月作という掛け軸もあり、富士山の絵に「晴れてよし曇りてもよし富士の山もとの姿は変わらざりけり」の和歌が添えてあった。「幕臣であった山岡が宮中に入ったことに嫉妬する人もいて、それに悩んだ結果の境地」とされる。

また、銀座木村屋のあんパンを明治天皇に献上したのは山岡だったという。すなわち明治八年四月四日に水戸徳川家下屋敷で花見があって、その時に明治天皇にあんパンを食していただこうと進言したというのだ。木村屋は明治二年に創業し、明治七年にあんパンを考案したばかりであった。懇意の山岡に話をもちかけられた木村屋の主人は、吉野山の八重桜を塩漬けにしたものを添える工夫をして献上した。明治天皇は「お気に召し」、ことのほか皇后の「お口にあった」という。

静岡茶と木村屋のあんパン　ちなみに、木村屋をはじめた安兵衛は常陸国（茨城県）の名主で豪農であった長岡又兵衛の次男として生まれ、下総国（茨城県）の木村家の長女ぶんの婿養子になった。安兵衛は水戸藩の下級武士で、維新後は東京府授産所の事務職に採用される。しかし、事務職に飽き足りなくなり、所長からパン製造を勧められ、人生の再出発をする。五十二歳であった。

安兵衛の次男英三郎は十八歳ながら、父とともにパン製造業を志した。当初は文英堂と名のった（文明開化と妻ぶんの「文」と、英三郎の「英」を組み合わせた）が、火災となり、営業再開する時に「木村屋」とした。木村屋は砂糖を加えた菓子パンを売って好評を得た。

明治四年に、ぶんの弟の貞助が山岡鉄舟を「大の食通」として連れてきた。貞助は鉄舟が開いていた剣術道場「春風館」の門下生であり、多忙の鉄舟に代わって稽古をつける立場にあった。鉄舟は木村屋のパンの試食係となったのである。

当時、木村屋のパンで脚気が治ったという評判が広まり、皇居や浜離宮の警備にあたる軍人の夜食用に「一斤八銭」のパンを納入をするようにもなった。好景気の中で、安兵衛はパンに餡を加えることを思いつき、試行錯誤の末に酒種酵母を造りだした。

「あんパン」と名づけられて試食が重ねられ、山岡も宮中の公務の合間に馬車で木村屋にかけつけて、率直な意見を述べるなどの助言を続けた。そして、丸いパンの上にケシと白ごまを添えた「あんパン」（こしあんとつぶあんの二種）に、山岡は絶賛の声を上げた。

山岡の「お墨付き」を得たあんパンは、たちまち人気商品となった。山岡もあんパンを謹慎中の徳川慶喜への土産にしたり、届けさせたりした。

そして鉄舟は、明治八年四月の水戸家下屋敷の花見の茶菓にあんパンを出すことを木村屋に伝えた。鉄舟は水戸家当主の徳川昭武に当日の用意を相談され、旧幕臣の栽培した静岡茶を用意し、その茶菓に木村屋のあんパンを推して了承されたのであった。水戸家の花見で、天皇皇后に気に入られたあんパンは、その後、皇室に納入されるようになった（若山三郎『創業者列伝』）。

下級の旧幕臣であった山岡は、皇室と民間とを結ぶ重要な存在となっていたのである。

5　列車を止めた元老

仮プラットホーム　ある人から「興津では元老が別荘前に列車を止めた」と聞いた。坐漁荘と興津駅はあまり離れていないので、わざわざ止めるのだろうかという気もした。しかし、確かに明治四十三年（一九一〇）十一月二十八日の「園遊会案内図」には「庵原郡清見（会場）興津町西に仮プラットホーム設置」と明記されていた。

実は興津には坐漁荘より前に元老井上馨の別荘があったのだ。長者荘として知られ、現在は清水区横砂《よこすな》東町の静岡市埋蔵文化センターとなっている。地元では「西園寺は列車を止めなかったが、井上は止めた」といわれている。長者荘の前に簡単なプラットホームがあって、そこが臨時停車場になった。「園遊会に来る多くの人が乗り降りしやすくするためでした」という。坐漁荘と違って長者荘は五万坪と広かったし、社交も盛んだった。

「園遊会案内図」　井上は天保六年（一八三五）年十一月二十八日生まれで、明治四十三年十一月二十八日は七十六歳の誕生日であり、この日午後一時から二時の間に長者荘にて病気快癒祝をかねた寿像（存命中に造った像）の除幕式が行われた。その前後に園遊会が催され、正午から模擬店、二時から食堂、三時から余興が提供された。模擬店はビアホール（三ヵ所）、そば屋、おでん・かん酒屋、茶菓店、果物店が用意され、立食場や野立茶屋（二ヵ所）も置かれた。余興は三越青年音楽隊の奏楽、花火、横砂海浜での引網と村相撲などであった。

「園遊会案内図」には、長寿荘とその周辺の地図の中に、模擬店の配置やライオン像、花

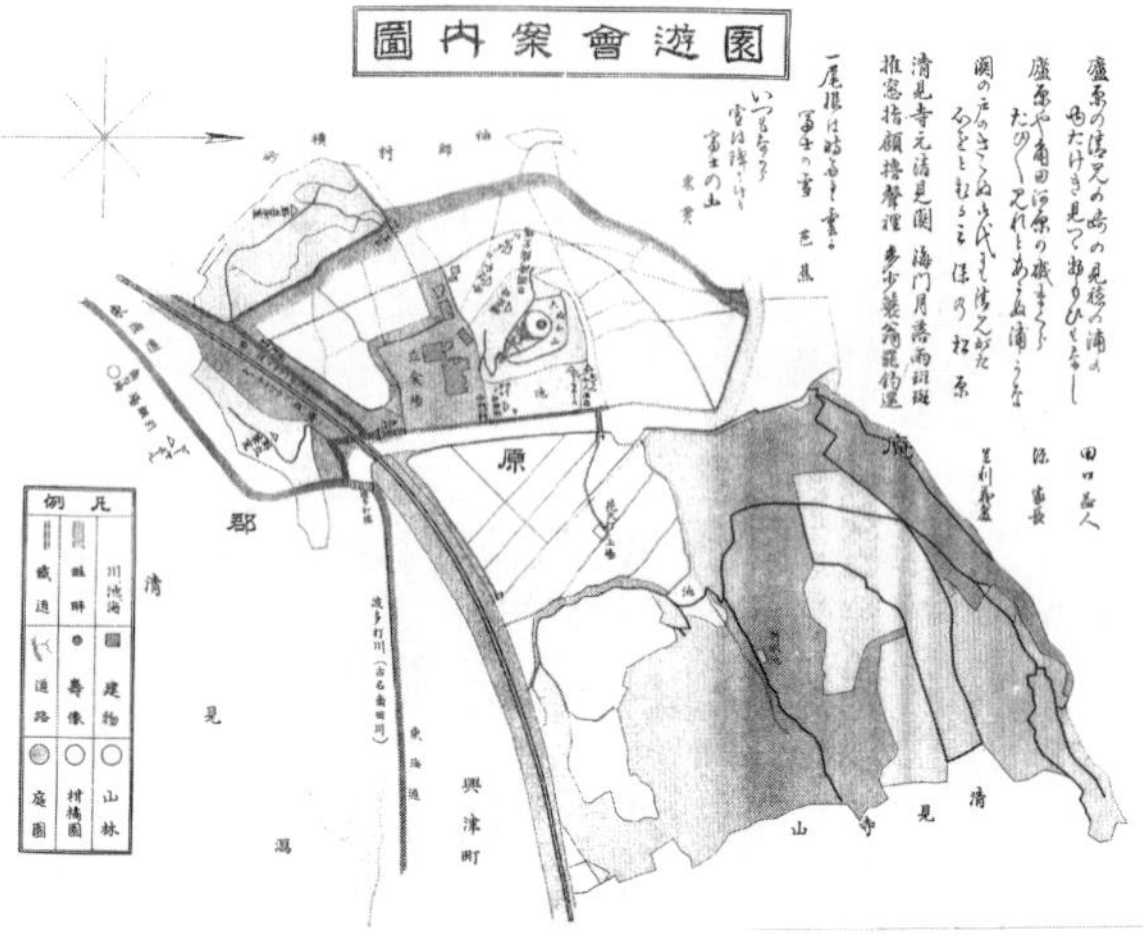

園遊会案内図

園遊會次第　明治四十三年十一月二十八日

一、正午摸擬店開始（盤木ヲ以テ報ス）

二、午後二時食堂開始（同　上）

三、同　三時餘興開始（同　上）

イ、奏　樂（三越青年音樂隊）

ロ、花　火

ハ、引　網（横砂海濱）

ニ、村角力（同　上）

其　他

四、同五時東京方面ノ御方ハ御乘車（盤木以ヲテ報ス）

追テ午後一時ヨリ午後二時ノ間ニ於テ壽像除幕式擧行

園遊会次第

火打上場などの位置が記され、東海道線と仮プラットホームも描かれている。各方面からの招待客が、鉄路から下車して長者荘の表門から直接に入れるようになっていた。案内状には、五時に「東京方面の御方は御乗車」とあり、帰りの便もはかられていた。

和歌と俳諧　ついでながら、「園遊会案内図」には、地図のほかに、清見潟などを詠んだ田口益人、源家長、足利義教らの和歌や漢詩、芭蕉、鬼貫らの俳諧が添えられた。田口は、和銅元年（七〇八）三月三十一日に上野の国司となり、任地に向かう途中の清見潟で、「蘆原の清見の崎の見穂の浦のゆたけき見つゝ物もひもなし」と詠んでいる。源家長は鎌倉初期の歌人で「蘆原や角田河原の磯まくらたび〳〵見れどあかぬ浦かな」と歌った。足利義教は室町幕府六代将軍で「関の戸のさゝぬ御代にも清見がた心をとむる三保の松原」と残した。

芭蕉は「一尾根はなだる、雲か富士の山」、鬼貫は「いつもながら雪は降りけり富士の山」と詠んだ。

井上は歌枕の地としての興津の歴史を紹介しつつ、こうした由緒ある場所に広大な別荘を持った自分を誇りたかったのだろう。

鹿鳴館時代を演出　井上は長州萩藩士の家に生まれ、聞多《もんた》と称した。明倫館で学び、嘉永六年（一八五三）のペリー来航後には、藩主毛利敬親《たかちか》の御前警護を命ぜられた。伊藤博文の盟友であり、維新後にはいくつかの閣僚を経験し、不平等条約改正のために欧化主義を推進して鹿鳴館時代を演出したことは有名である。また、三井財閥とのつながりが深く、「三井の番頭」と揶揄された。骨董品の収集家としても知られ、世外《せがい》と称して有力政財界人と国宝級の美術品所有を競い、茶会でその披露をしたりした。

執事の回想　井上家の元執事で清水市横砂（現・静岡市清水区横砂）在住だった柿沼昇がまとめた『井上侯と西園寺公の逸話』によれば、井上が興津に別荘を持ったのは、維新前後に毛利敬親に従って東海道を何度も通り、その後、政務で慌ただしく往復する車窓から富士山と清見潟を目にして、旅の疲れを癒すために清見潟に面した東海ホテルに泊まったことにはじまる。宿の主人が海では興津鯛、山では蜜柑が名物、冬は霜もみないほど温暖と話すのを聞いて、蜜柑好きの井上は絶好の別荘地と思い、大阪鴻池銀行専務役で原田積善会創立者である原田二郎に、長者山を中心とした五万坪の土地を地主四十数名と交渉してまとめさせたのだという。

長者山の名の由来は、その昔、浄見長者が住んでいたからという。米糠《こぬか》山、待乳《まっち》山などとも称されてきた。先の「園遊会案内図」には「こぬか山」とある。本館は和洋式の二階建てで二〇〇坪ほどあった。飲料水は清見寺山の地下水を引いてタンクに貯めた。また山水を引いて滝川として涼をとった。その流れに沿ったところ、中門を入ったあたりに等身大のライオンの青銅像が置かれた。

皇太子の来訪　明治四十五年（一九一二）四月十一日には皇太子嘉仁（のち大正天皇）が長者荘を来訪した。その時、正面植え込みに松の手植えをしたという。門から玄関までは玉砂利が五〇〇メートルほど敷きつめられ、周囲は桜の大木で被われていた。長者山の東の麓には魚躍庵と称する茶室があり、月一回は有名な茶人が集まった。井上は昼の運動の時には、必ず茶室前の大池の鯉やアヒルなどに餌を与えた。晩年は興津で暮らし、大正四年（一九一五）に長者荘で亡くなった。

井上の寿像　園遊会があった明治四十三年（一九一〇）に建ったという井上の銅像の写真を見て驚いた。記念に立ち並んだ人びとが銅像の腰にとどかないのだ。高さ約四・八メートル、重さ六・七五トンという。「園遊会案内図」には除幕式場の近くに「岡崎鋳金場」とあるので、そこで鋳造したのだろう。この銅像は太平洋戦争中の金属供出でなくなった。そして長者荘は昭和二十年七月六日の空襲で全焼した。

「殿様」と「オカミ」　柿沼は「井上侯を一口に言うならば、天皇と夫人の言うことだけはきく人。西園寺は十九の内閣の産婆役をした人」と書いている。

昭和三十七年に『週刊朝日』の記者が井上を知る柿沼に取材に来て、「井上さんは汽車を『ブットメタ』そうですねえ」と聞いた。柿沼は、「あれは政府の配慮によるもので、侯は直接関知していない」と答えた。さらに、井上が亡くなった時、「遺骸を東京に移す時は今迄にない立派なプラットホームが邸前に出来た」と話した。そして、記事にはこう載った。

興津の故老の間では井上は「殿様」西園寺は「オカミ」と呼ばれている。別荘地興津の名をいち早く有名にしたのは言う迄もなく井上である。明治二十九年、ここに敷地五万坪と云ふ、まるでお城のような別荘を建てた。邸内には鹿鳴館さながらの舞踏会場まであった。貴顕紳士を一堂に集めての園遊会には、わざわざ別荘前にプラットホームを仮設させた急行列車をぶっとめる豪勢ぶりであった。井上邸の執事として多年侯の御陪食の栄を受けた柿沼昇さん(67)によれば、全国からの贈物が殺到してフタを開けきらぬくらい、夏は御菓子の山をうらのネーブル畑へ埋めるのが一仕事だったそうだ。此の由緒ある井上邸も戦災を受けて焼土と化し、そのあとに曾孫がみかん畑を経営のかたわら、唯心館空手道場を開いている。

一方内閣製造工場と言われた西園寺公の坐漁荘は、来て見れば意外につつましい数寄屋風の民家である。敷地三百坪、建坪百坪、大正八年坐漁荘建造当時は興津町民にもなじまれていたが、五・一五事件の以後は散歩姿も見られなくなった。新聞記者も近寄れず、近衛文麿、木戸幸一、原田熊雄、中川小十郎など「興津詣」の高官だけが坐漁荘の門をくぐった。

大日本報徳社　皇太子嘉仁（のち大正天皇）は、明治四十五年四月十一日に興津にある井上馨の長者荘を行啓している。この時、「報徳が本県の産業に及ぼせる影響如何」の題目で、二宮尊徳の略伝、静岡報徳社の沿革や事業などの説明を三十分ほど受けた。

説明を聞いた皇太子は「地方牧民の局にある者は報徳の教理の存する所を深く意に体し、益々産業の発展と民風の改良に尽瘁致せ」と述べた。皇太子が報徳思想を理解したのかは定かではないが、井上は「実に今日は有難い、実に愉快であつた、嘸《さぞ》今日のことは二宮大先生におかせられては、地下に於て瞑せられたであらう、実に満足であつた」と涙を流したという。

「遠州の小僧」　報徳社の起源は、江戸後期の農政家である二宮尊徳の経済道徳の実践にある。尊徳は小田原藩桜町領の農村復興はじめ各地の疲弊農村再建に成功した。静岡では江戸末期に遠州長上郡下石田村（浜松市下石田）の神谷与平次、佐野郡倉真《くらみ》村（掛川市）の岡田佐平治らが報徳社を組織した。なかでも倉真の大庄屋であった岡田佐平治は遠州七人衆の一人として尊徳を訪れ、尊徳直系の報徳社を築いた。佐平治長男の岡田良一郎は尊徳の塾に入門し、尊徳から「遠州の小僧」と可愛がられた。

尊徳の思想は、明治以後も、国民教化と農事政策の一環として継承された。「遠州の小僧」は明治九年に遠州国報徳社の二代目社長となる。明治四十四年に大日本報徳社と改称され、翌年に良一郎長男の岡田良平が三代目社長となった。岡田家三代の尽力により全国の報徳社が統合され、静岡県掛川市に本社が置かれた。正門の両柱には道徳門、経済門とある。

一木喜徳郎と河井弥八　昭和五年五月三十日には、天皇が掛川の大日本報徳社を行幸し、良平の案内で尊徳全集の原本一万巻などを閲覧した。この天皇行幸の時の宮内大臣が一木喜徳郎、侍従次長が河井弥八であった。一木は袋井の一木家の養子であるが、三代目社長良平の実弟である。昭和九年に一木が四代目社長となった。河井は、戦争末期の昭和二十年二月に五代目社長となった。

昭和初期に侍従次長兼皇后宮大夫をつとめた河井弥八は、掛川出身である。平成のはじめごろ河井家の蔵を調査した際に、女官関係のメモが多く残っていて驚いた。昭和天皇が女官制度を改革した時のものだ。側室制度を廃止して女官を通勤制に変えたのである。この改革は河井を混乱させた。皇太后である貞明皇后の女官たちは住み込みの一生奉公のままだったからだ。女官同士の交流もぎくしゃくした。初代の女官長である島津ハルが早々に退官する事件も起きた。天皇と皇太后の間の円滑な意思疎通を図るため、竹屋津根子・志計子の姉妹をそれぞれの女官の長にした。

昭和六年（一九三一）、満州事変が勃発すると、宮中で麻雀をしているという噂が流れた。麻雀は事実無根に近かったが、当時、昭和天皇はじめ侍従や女官たちはゴルフに熱中していた。国民が不況と戦争にあえいでいる中、不謹慎の感はぬぐえなかった。このため河井弥八は、事務官や女官に素行上の注意を与えた。他方、勤勉実直な河井は、宮中の質素倹約や節操を説いた。しかし、河井の精勤ぶりは、女官たちに不評であった。女官の多くは旧上流公家の子女であり、謹厳実直な河井が息苦しかったのだろう。

河井が宮中の要職に就いたのは、宮内大臣である一木喜徳郎が同じ掛川出身の先輩であったことが大きい。一木も河井も有能な実務官僚であり、ともに二宮尊徳を崇拝する報徳社のメンバーであった。報徳社は静岡を中心地とした。昭和十一年十二月末現在、全国の報徳社七六九社中の半数以上の四五二社が静岡にあった。

河井は、戦時中はサツマイモ栽培などに尽力。戦後は参議院議長となったが、四度目に落選。「戦後大衆社会は父には合わなかった」と次男の河井重友（故人）さんは語る。

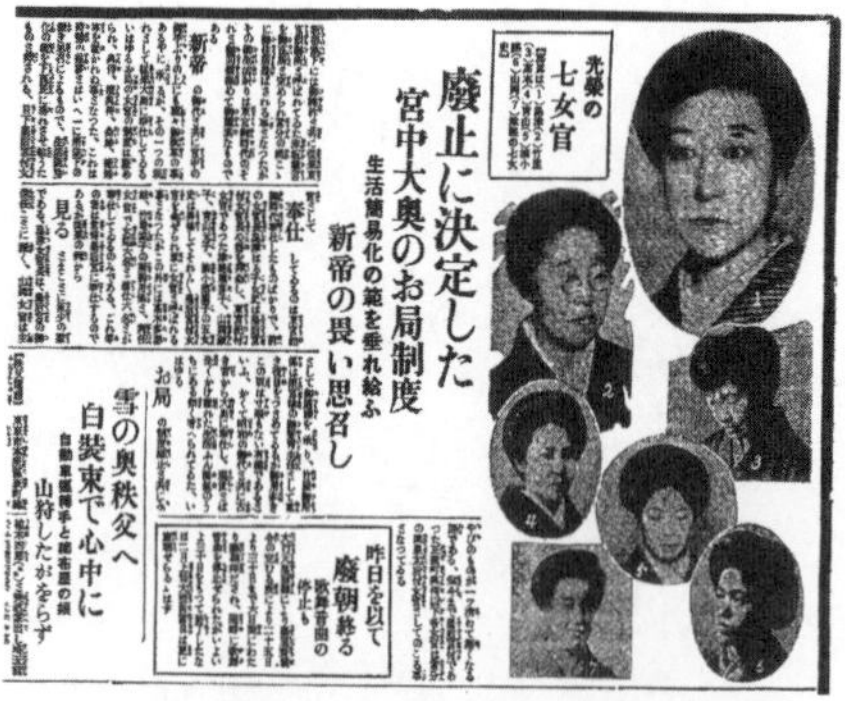

光榮の七女官

廢止に決定した
宮中大奥のお局制度
生活簡易化の策を垂れ給ふ
新帝の畏い思召し

昨日を以て
廢朝終る

雪の奥秩父へ
白裝束で心中に
山狩したがをらず

女官制度改革を報じた朝日新聞
（1926年12月31日付）

どんな反對運動をも
敢然退けて實行
今はいたづらに風光をばかり
愛でる時代ではない

損害金は
賠償する

女官制度の改正に
河井大夫のなやみ
二種の女官があるため

七十四回の
貯金帳改竄詐欺

貧乏人を救ふ
法律をつくる

幼年倶樂部

女官制度の改正に苦慮する河井弥八
（「読売新聞」1927年5月16日付）

Ⅳ　富士の眺め

1　富士川と女官

富士川下る女官一行

大正四年（一九一五）六月九日付の『読売新聞』に「日蓮の霊跡を慕うて」という記事が載った。「高倉典侍の一行身延へ詣で　富士川の急流に妙号を流す」とある。宮中に仕えていた高倉寿子典侍らが、明治天皇と昭憲皇太后（明治天皇の后）の冥福祈願のため日蓮宗の霊跡を回る旅に出たというのである。一行は両国を発って日蓮生地の千葉県小湊に向かい、中央線沿線を経て身延《みのぶ》山久遠寺を詣でて富士川を下った。

高倉典侍は平素から日蓮宗を信仰し、明治天皇が亡くなると芝区金杉の圓珠寺住職田村日鳳に霊跡巡拝を勧められた。その後、皇太后も亡くなり信仰の旅に出たのであった。

一行は高倉のほか、権典侍小倉文子、平田三枝子、藤島武子の三女官に侍女が付き添った。高倉ら宮中の女性には慣れない旅であった。高倉は当時七十六歳だった。一行は各地の霊場を整然と参拝し、宿でも読経を欠かさなかったと、記事は伝える。そして日蓮宗本山の身延詣を終えて富士川を下った。その日の富士川は雨後のため水かさが非常に増していた。舟では時に危険な場面もあった。高倉らはその間「南無妙法蓮華経」と唱え、かつ紙に書いて流していたという。

高倉典侍　高倉典侍は明治天皇の后となった一条美子とともに宮中に上がり、以後、皇后の下で筆頭女官として奉仕した。子をなせない皇后に代わって天皇の夜伽の相手を選んだともいわれる。

一条家では美子の入内に際して、才色兼備の婦人を一条家上臈として付き添わせたのであった。それが高倉寿子であり、宮中では新樹の局と称された。当時の女官は一生奉公であり、高倉は宮中に住み、皇后美子（昭憲皇太后）に生涯を捧げたのであった。

岩淵の繁栄　高倉らが下った富士川は東海道随一の急流で知られ、甲斐と駿河を結ぶ重要な河川路でもあった。

富士川の水運は、徳川家康の命を受けて、角倉了以が開発したことにはじまる。慶長十二年（一六〇七）のことであった。甲斐国から富士川を下って岩淵まで年貢米が運ばれ、さらに陸路で蒲原浜に至り、小舟で清水湊に送り、廻船で江戸に届けられた（甲州廻米）。

甲州には鰍沢《かじかざわ》、青柳、黒沢の三河岸があり、そこから岩淵まで笹舟や高瀬舟が使われた。一艘に米二八〜三二俵を積んだという。鰍沢から岩淵までは約七一キロで、一日がかりであった。

岩淵から甲州へは魚介、茶、蜜柑、塩などが運ばれた。上りなので、舟は船頭が縄で引いた。四日がかりで、天候が悪いと七〜八日かかったという。それでも、甲州や信濃は塩を求めていたので、交通は盛んとなり、岩淵は繁栄した。岩淵は東海道の東西を結ぶ渡し場であり、南北を結ぶ水運の河岸であったからだ。

岩淵は、旧東海道の間宿であり宿泊は禁じられていたが、渡船場には常夜灯などがあって往時のにぎやかさを伝えている。

高倉典侍らが下った当時は、鰍沢から岩淵までは半日だった。岩淵からは、陸路にて三島玉沢の妙法華寺に向かった。

身延詣　静岡と身延山久遠寺をつなぐ道は、富士川の水運ほかにいくつかの陸路があり、主なものには岩淵から富士川沿いに北上するもの（身延道岩淵筋）と、興津から興津川沿いに北上して万沢にて岩淵からの道と合流するもの（身延道興津筋）がある。

ちなみに明治元年当時の「興津宿の旅館分布図」には本陣が二つある。東本陣（市川新左衛門）と西本陣（手塚十右衛門）だ。身延街道と合流していたからである。脇本陣は三つあり、落合七郎左衛門、大黒屋多八郎、水口屋半平だった。

女官終焉の地　岩淵は、昭和天皇の実母である貞明皇后（大正天皇の皇后）に仕えた竹屋津根子の終焉の地でもあった。竹屋津根子の妹・志計子も同じ時期に昭和天皇に仕えており、姉妹で天皇と皇太后の間をとりもった。微妙であった両者の関係の円滑化をはかるためである。貞明皇后が亡くなり、津根子は岩淵に身を寄せた。

なぜ、岩淵なのだろうか。地元の富士ニュース社、津根子の親戚筋の広橋興光さん（76）や竹屋康光さん（89）にうかがった。「津根子は、弟である西大路家の世話になった」と、康光さんが手紙をくれた。西大路家は製紙会社の権利を買って岩淵に家を構えており、独身だった津根子の晩年の世話をしたのだ。「お付きの女官さんたちとここの離れに住んでいました。『旦那様』と呼ばれて、宮中の時のままの生活の感じでした。妹の志計子さんもお供を連れて遊びに来られました」と、大伯母にあたる当時の津根子を知る西大路綾子さんが教えてくれた。

津根子は一生奉公の覚悟で宮中にあがった。しかし、昭和天皇の改革で女官の通勤や婚姻が認められるようになった。そして戦後に貞明皇后が亡くなることで、旧来の住み込み型の女官は一人もいなくなった。津根子は行き場を失った。宮中改革がなければ、そのまま後宮に「生き字引」としてとどまることもできた。実際、妹の志計子は、焼け残ったかつての女官部屋で戦後を過ごし、若い女官たちの相談役となっていた。

「生活できるだけの恩給は支給されたようですが、親族がめんどうを見るしかなかったようです」。西大路家は、長男でもないのに引き受けることになったという。

津根子の実家の竹屋家は、藤原北家冬嗣の兄である真夏（日野家の祖）の後裔である広橋家から分かれた。江戸時代には一八〇石を領有して儒学を家業とした。津根子と志計子の祖父にあたる竹屋光有《みつあり》は英照皇太后（孝明天皇の皇后）の皇太后宮亮《すけ》をつとめ、父の光昭は雅楽部長となった。公家の子爵家で、側室が廃止されなければ津根子も志計子も天皇の子を産む可能性があった。だが、時代は大きく変わり、京都からも東京からも遠く離れた岩淵の地で、津根子は独身のままその生涯を閉じたのであった。

2　古谿荘

野間奉公会

地図を見ると、津根子の終焉の地となった西大路家から北側のさほど遠くないところに「野間奉公会」と記された場所がある。財団法人野間奉公会のことで、昭和十一年（一九三六）に講談社社長の野間清治が所有した土地である。その後、財団に任せた。

かつてその場所には、明治天皇の宮内大臣をつとめた田中光顕の別荘・古谿荘があった。

東海道本線と富士川橋との中間ほどの位置に一万六千坪の敷地を有していた。野間清治が譲り受けて後、国道一号線より東側の川沿いの半分ほどの土地を中央公民館などの用地として町に提供して、残りが「野間奉公会」の所有となって現在に至っている。

田中光顕という人物　古谿荘の所有者だった田中は天保十四年（一八四三）に土佐国佐川郷（現・高知県佐川町）に生まれた。坂本龍馬の八歳下であった。十九歳の時に高知に遊学して武市半平太の門下生となり武芸を学び、土佐勤王党に属して尊皇攘夷運動に参加した。「尊皇の志已み難く」脱藩して、幕府の長州征伐を牽制するために大坂城焼打ちを謀ったりした。中岡慎太郎の招きで京に上り、高杉晋作の弟子となって薩長連合のために奔走。中岡の陸援隊（倒幕運動のための浪士隊）の幹部となり、中岡が坂本とともに暗殺された時にはその現場にかけつけた。その後、田中は中岡を継いで陸援隊の指導者となった。

明治二年（一八六九）に伊藤博文とともに東京に上り会計監督司知事などをつとめ、明治四年には岩倉具視遣欧使節団の理事官兼会計事務として欧米視察に同行した。西南戦争では征討軍団会計部長となり、陸軍会計局長などを歴任した。山県有朋らとともに東京九段靖国神社境内に戦没者ゆかりの遺品を展示する遊就館の設立を発起した一人でもあった。

警視総監などを経て明治二十五年に学習院長となり、さらに宮内次官、英照皇太后大喪使事務官、宮内省図書寮、皇室経済顧問、宮内大臣、東宮輔導顧問など宮中の要職に就いた。明治三十九年には脱藩後四十三年目にして高知に帰省したのであった。

退官後の田中光顕　「悪い奴だ」「ゴリゴリの天皇主義者だ」「陰謀家だ」と、戦後の歴史家の間での田中光顕の評価は低い。確かに、田中は宮内大臣の要職にありながら収賄疑惑で辞任し、その後は陰で宮廷を動かしたという。すでに第一線を離れていた八十歳代の田中が、高松宮宣仁の結婚問題にクレームをつけて、宮中内部の極秘事項を暴露するなどの脅迫をなし、現職の宮内大臣である一木喜徳郎を辞任させてしまったこともあった。明治維新の志士の気分をそのまま昭和時代に持ち込んだような男だったので、時代錯誤の印象は強い。

維新志士の顕彰者　実際、田中は後半生を維新志士の顕彰に捧げた。宮内大臣辞任後の明治四十三年には靖国神社での「桜田烈士五十年祭」挙行を主唱した。翌四十四年には維新史料編纂局顧問となった。また、『桜田義挙録』の刊行の援助もした。

大正元年には瑞山会（瑞山は武市半平太の号）より『土佐勤王史』を刊行、大正四年には明治天皇銅像を宮中に献納した。

昭和二年には「多年蒐集せし勤王志士の遺墨数百点」を東京青山会館《せいざん》（青山は田中の号）、早稲田大学、故郷佐川の青山文庫に寄贈した。翌三年には「勤王志士遺墨百数十点」を宮中に献納し、さらに『血涙集』（土佐勤王志士の遺稿）を高知県立図書館に寄贈した。同年五月には高知県桂浜の坂本龍馬銅像除幕式参列のため帰郷して、中岡慎太郎の墓も弔った。十一月には多摩連光寺を聖蹟の地として顕彰する多摩聖蹟記念会を組織してその会長となっている。昭和四年には水戸市外の大洗に常陽明治記念会を設立して会長となり、明治天皇銅像や「御下賜品数十点」を寄贈した（『青山田中光顕公年譜』）。

ちなみに多摩連光寺は、かつて明治天皇が兎狩りや鮎漁のために四回ほど行幸した現在の東京都多摩市連光寺（都立桜ヶ岡公園内）の地である。昭和五年には多摩聖蹟記念館が建てられ、館内には明治天皇の騎馬等身像や、田中が収集した坂本龍馬肖像はじめ維新志士の書画などが収められた。現在は東京都多摩市立旧多摩聖蹟記念館となっている。

大洗の常陽明治記念館は、平成九年にリニューアルして、現在は「幕末と明治の博物館」となった。

坂本龍馬への思い　田中の維新志士、とりわけ土佐勤王党への思いは強く、勤王党の盟主であった武市半平太の寡婦である老齢の富子への援助を皇后（昭憲皇太后）に進言したのは田中といわれる。また、日露戦争の際に皇后（昭憲皇太后）が坂本龍馬の夢を見た際に、夢の男が坂本であることを証明したのも田中という。『明治天皇紀』には、「臣は是れ坂本龍馬なり、我が海軍を守護せん、冀《こいねが》はくは御心を安じたまへと」と、皇后の夢に出た。皇后は坂本の事績を知ってはいたが、風貌は知らなかったので不思議に思った。田中はこの話を聞いて、坂本の写真を皇后に見せて確認したというのである。この逸話は、日露戦争への国民の戦意を鼓舞するのみならず、維新志士への新たな顕彰の動きを誘ったのであった。昭和三年には田中の尽力で、高知県桂浜に坂本龍馬像が建立された。

坂本を慕い続けた田中の評価が、国民的人気を集める坂本と比べて大きく異なるのも不思議である。

蒲原塗　静岡と晩年の田中との関わりは深く、昭和六年には在郷軍人会静岡県支部顧問となり、また、岩淵町新豊院に自身の陶製座像を安置した。翌年は九十歳の長寿祝賀があり、静岡では県知事、旅団長、静岡市長らの発起による祝賀会が開催された。蒲原町でも催しがあった。昭和九年、朝香宮鳩彦王が古谿荘を訪問。昭和十年には沼津御用邸滞在中の貞明皇后に郷里の土佐佐川郷の蛍を献上した。

他方、「蒲原塗」は、田中が静岡に別荘を構えた副産物とされる。蒲原塗は古代塗とも称され、明治期には周辺地区のみならずアメリカにも出荷された人気商品であった。そして古代塗は、蒲原町と高知市の二つの産地を持つ。遠く離れた二つの地で作られながら、田中との縁で同じ名称を持ったというのだ。土佐出身の田中が明治三十四年に日本漆工会の二代目会頭となって久能山東照宮の修理をはじめ漆器の改良を行い、いつしか蒲原に住むようになったからである。なお、静岡三十四連隊の除隊記念品は、この蒲原塗の製品であった。

「古谿荘に親しむ会」　平成二年（一九九〇）三月、古谿荘に親しむ会が『古谿荘研究』という小冊子を刊行した。

会の事務局長は森祐司氏。ほかに理事五名、会計書記一名、監事一名の八名が委員として名を連ねる。森氏は富士川町建設課の職員であり、古谿荘の近代和風建築の価値の高さに心をひかれたようである。理事にも建築設計事務所所長や園芸造園師がおり、庭園としての研究に主眼があったろうことが想像される。ほかには教育委員や書店主、ミニコミ誌を発行している歴史の先生などが関わっていた。

事業計画は三年がかりで、昭和六十二年度は「古谿荘の文化的価値を認識しよう」を目標として、史料収集部門が古谿荘や田中光顕の歴史資料をまとめたり、専門調査部門が建築・土木・造園・土地などの調査項目を検討し、かつ金唐和紙の製法調査などを行った。その他、広報出版部門は機関誌やパンフレットの発行を準備した。

昭和六十三年度は「古谿荘の文化価値を広めよう」を目標に、大学研究室による実地調査、パンフレット作成、講演会が計画された。実地調査は豊橋技術科学大学の小野木研究室、講演会講師には司馬遼太郎が予定された。

　平成元年度は目標に「古谿荘の活用を考えよう」を掲げ、古谿荘の勉強会、小冊子作成、会員の親睦会、庭園見学会、草刈奉仕、ビデオ・写真撮影などを行った。

　こうした三年の地道な蓄積の具体化が『古谿荘研究』刊行であった。同書の「はじめに」で事務局長の森氏が、「会員皆様の熱心な活動により、『古谿荘』の文化的価値について、多くの人々に認識してもらえたのではないでしょうか。特に昨年六月の二日間、所有者である(財)野間奉公会のご好意により、一般公開を催す機会を得、県内各地より訪れた約一万人の皆様に古谿荘のすばらしさを知ってもらえた」と記した。会の大きな成果の一つは古谿荘の一般公開を促したことであった。


「駿河ほどよい国はない」　ところで、宮内大臣当時、田中は「駿河ほどよい国はない」と思っていた。汽車で富士川を渡る時に西岸の高台に目をとめ、時の静岡県知事であった亀井英三郎に声をかけて、駿河湾の眺望に優れた広大な用地を確保させた。昭憲皇太后(明治天皇の皇后)の臨幸を仰ぐために建設を急いだが、明治四十三年に田中を継いで宮内大臣となった岩倉具定が(具視の次男)病気危篤となり、臨幸は沙汰やみとなったと伝えられる。

宝珠荘への移転　ところで、いうまでもなく古谿荘は井上馨の長者荘、西園寺公望の坐漁荘と並ぶ駿河の有名別荘の一つであった。

古谿荘は明治四十二年に完成するが、田中は東京目白の蕉雨園に住んでおり、岩淵に移り住んだのは大正三年からであった。その後、古谿荘の水源地の水争いに端を発した町民とのいざこざがあり、大正七年に蒲原町宝珠荘に移ってしまった。

昭和九年に満州国皇帝の溥儀に古谿荘を献上する話が持ち上がり、県知事の田中広太郎が公使一行を案内して岩淵に下検分に来たが、実現しなかった。「他国への献上は、日本国領土の割譲を意味することになるから」というのが理由だった。結局、昭和十一年に講談社の野間清治の所有となり、戦後に国道一号線より東側を町の用地に提供し、現在は財団法人野間奉公会が管轄しているというのである。

古谿荘にはのべ床面積九四〇坪の本館があり、一二〇畳の大広間や洋館の併設など特徴的な構造となっている。また、本館のほかに芳野庵と一葉庵の二つの離邸があったが、現在は建物はなく、貯水池だけとなっている。庭園のスケールも大きく、南側は回廊式の日本庭園、北側は果樹園や温室のある西洋式庭園となっており、富士山、富士川、田子の浦、伊豆半島を借景としている。

なお、田中は昭和十四年に九十七歳で他界するまで、「宝珠荘」に暮らした。『青山田中光顕公年譜』には「三月二十八日　午後五時五十分静岡県蒲原町宝珠荘に於て薨去」とある。危篤の報を聞いた天皇、皇后、皇太后からは見舞いの果物一籠が届いた。翌年、蒲原町長ほか有志の主催による一周年祭が小学校講堂で行われ、昭和十六年には慰霊祭がなされ、蒲原町公会堂に胸像が納められた。「宝珠荘」は、現在は「青山荘」と称され、日本軽金属の迎賓館となっている。

3　鈴川の松林

砂山の松露狩　大正三年（一九一四）に刊行された洞口猷寿『昭憲皇太后宮』によれば、鈴川停車場（現・吉原駅）の上に砂山という丘があった。「丘上には幾百年の昔から生えてある老松が沢山あつて、其の下には松露が出て居りまして、田子の浦を控え、誠によい所でありますす」と記されている。この砂山に、昭憲皇太后が毎年四月に遊びにきて、田子の浦の景色を賞観し、「天《あま》の香《か》具山《ぐやま》」で松露《しょうろ》を拾ったりしたという。そして、以下のようにある。

田子の浦は昔から和歌にもある通り、誠に風景のよい所でありまして、正面には富士の雄姿を仰ぎ、其の影勝間川の清流の面に映じて、所謂田子の浦の「倒さ富士」を現出し、絶景謂はん方ない明媚の地であります。陛下は概ね此の勝間川の渡船場に玉歩を止めさせられまして、静かに舟橋を御渡り遊ばされ、対岸なる田子の浦の御座所に行啓遊ばされるのが常でございました。

現地を訪ねたが、「勝間川」や「渡船場」「御座所」などは地元の人もよくわからないらしく「川は和田川、沼川、小潤井《こうるい》川、潤井《うるい》川だよねえ」と皆、首をひねった。

ゴルフの碑　元吉原中学校の傍に皇太子時代の昭和天皇がゴルフをしたという碑がある。吉原駅の南口に古びた歴史散策コースの看板があり、妙法寺、富士塚などと記されている。この富士塚は「天の香具山」とも呼ばれるので、おそらく昭憲皇太后が遊んだ場所だろう。そして、元吉原中の近くには「皇太子行啓の碑」とある。道が込み入っているので、途中で尋ねると、「そこの道を曲がって行けば元吉原中学校の塀があって、その一番先がプールだから、そこらにある。松林があるからわかるよ」と教えられた。

碑は道路端にあり、高さは三メートルほどだ。正面には「皇太子殿下御散策之蹟」「陸軍大将男爵奈良武次謹書」とあった。碑の裏面には、「昭和十一年四月吉日　富士郡元吉原青年団第一分団」として、次のようにある。

聖峰富嶽を北に仰ぎ駿河の海を南に受けて
松は緑に砂白き鈴川海岸に皇太子殿下行啓あらせられ
ゴルフの御競技を遊ばされ
我々村民は此の無上の光栄と感激に浴し
誠に恐懼の至りに勝へず
永く此の聖地を記念し後世に伝へ以て
協心戮力益々発奮策励して
健全なる国民たらむことを期し
茲に記念碑を建設し
以て聖恩の万分の一に報ひ奉らんとす

同碑文によれば、皇太子裕仁は大正七年には二月十七日、三月三日、同十日、十二月十七日の四回、大正八年には一月六日と八日の二回、大正十年には一月二十三日の一回、総計七回来たとある。
碑の後ろは潮害防備の保安林である。起伏のある瀟洒な松林だ。歩くと枯れた松葉を踏む感触が柔らかい。昔は、この松林はもっと広くて砂浜に直結していたのだろう。

砂山公園　皇太子がゴルフをやったという松林の先の防波堤まで行くと砂山公園だ。ゲートボール、テニス、砂場などがある。
砂山公園の先には小高い堤防がある。上ると、素晴らしい眺めだ。北は沼津までゆるやかに弓なりに曲がる松林の海岸線が続き、沼津御用邸まで視野に入る。正面は伊豆半島の山々が横たわる。南は富士川河口、三保の松原、焼津大崩、御前崎が見える。そして真後ろには松林の上に大きな富士山がある。昭憲皇太后がこよなく愛でた場所という話もうなづける。

清見潟の昭憲皇太后　昭憲皇太后は興津の清見潟にもしばしば足を運んだ。洞口猷寿は『昭憲皇太后宮』の中で、「陛下が沼津の御用邸に行啓あらせらるゝやうになりましてからは、其の行啓の度毎春の四月上旬前後には、清見潟なる清光寺［清見寺］にお成遊ばされまして、清見潟を御遠望されて御輿を催されましたさうです」と記す。
清見寺に着いた昭憲皇太后は、寺の東門である通用門から徒歩で表玄関の行在所に入った。行在所は明治天皇が明治二年の再東幸の際に休憩した場所である。

清見潟での昭憲皇太后の様子について、洞口は以下のように伝える。

裏の築山や庭の古びた石などを御覧遊ばされまして、庭には降り立たせられませんでした。これは庭の径が非常に屈曲してゐまするし、其の前面の方が断崖になつてゐるからであります。

此処を御覧の後は、寺の鐘楼の東に隣れる十二畳半二間の東の方の御間に成らせられまして、三保の松原、清見潟、薩埵の山、麓を一眸の裡に眺むる絶景を御覧ぜられましたものです。さうして御昼餐も此処で喫し召されるのが常でありました。

お成りの時は大抵午前十時頃でございまして、御還啓遊ばされるのが、午後三時が御通例でございました。陛下には尚ほ東海ホテルの裏の海岸なる波打際にある御座岩といふ岩の上に、時々御立出で遊ばされまして、其の辺を御逍遙遊ばされました。御座岩はもと畳岩ともいつたさうで、富士の東を眺望する風景のよい所であります。

陛下が富士と海の御歌を御詠になつた題材は、此の処から御採り遊ばすことが、多いさうでございました。

「御座岩」「畳岩」について尋ねたが、「どこも岩ばかりだったね。どれがどれだか」と苦笑された。

4　秩父宮記念公園

頑張る園長　平成二十一年の冬に秩父宮記念公園を訪ねた。職員の接客態度がよく、入園料を払おうとすると笑顔で挨拶された。清掃の人にも軽く会釈された。檜の林とクリスマスローズの庭をぬけると、売店と管理事務棟に出た。作業服の男性が小走りに近寄ってきた。園長の根上博さん（68）だ。

根上さんの前職は御殿場市の玉穂《たまほ》郵便局長。退職後、須山の自宅で農業をするつもりだったが、新聞で園長募集の公募を見つけて、締切直前に履歴書を提出した。山歩きが趣味で山野草に詳しいことが採用の決め手の一つとなったという。

昭和天皇の弟宮　秩父宮記念公園は、かつては昭和天皇次弟の秩父宮雍仁親王の別荘だった。昭和天皇の弟には、一歳下の秩父宮のほかに四歳下の高松宮宣仁、十四歳下の三笠宮崇仁がいる。これらの弟のうち秩父宮だけが静岡に別荘を構えた。高松宮は福島県の翁島別荘が有名で、現在は福島県迎賓館となっている。三笠宮は戦後の昭和三十年に軽井沢に別荘を建てた。

秩父宮は陸軍将校として将来を嘱望され、大正九年（一九二〇）に士官候補生として歩兵第三連隊に入隊し、昭和六年（一九三一）には歩兵第三連隊中隊長となった。昭和十年には歩兵第三十一連隊大隊長（弘前）となり、翌年の二・二六事件で上京して物議をかもした。

というのは、秩父宮は歩兵第三連隊中隊長時代に隊付の将校たちと寝食をともにしており、事件を起こした皇道派系の青年将校たちの人望を集めていた。たとえば、事件の首謀者の一人であった安藤輝三が秩父宮に心酔していたのは有名で、安藤は事件で処刑される時に「秩父宮殿下万歳」と唱えたといわれる。そして、秩父宮もまた彼らに共感するところが少なくなかった。そのため、秩父宮と事件との関わりがとり沙汰され、叛乱将校の中には秩父宮が事態収拾に乗り出してくれると期待する者もいた。秩父宮も事件勃発の報を聞いて、急遽、弘前から上京してきたため、叛乱将校との関係が疑われたのであった（保阪正康『秩父宮』）。

しかし、秩父宮は事件の経緯を見守り、その帰結が明確化したころ、天皇に、「後継内閣の首班に平沼男は不可なり」「真崎は馘首することを要すべし。陸軍大臣には各方面に因縁なき若い者を出すことが必要なり。而して此者に自由手腕を振ひ得るが如き内閣を組織せしめられたし」と述べ、事態収拾につとめた（『木戸幸一日記』）。

天皇はこうした秩父宮の態度に対して、「五・一五事件の時よりは余程お宜しくなられた」と、側近に語った。

ヒットラーと会見した秩父宮　二・二六事件後の昭和十一年十一月二十五日、日本はドイツと国際共産主義運動に対する協同防衛を目的とした日独防共協定を締結した。その翌年には北京郊外の盧溝橋で日中両軍の衝突事件（盧溝橋事件）が勃発、日中間の戦争は泥沼化し、日本と英米との関係は一層悪化した。そうした国際関係の中、秩父宮は、勢津子妃とともにイギリスのジョージ六世戴冠式に天皇名代として参列するため渡欧し、ドイツのニュールンベルグで開かれていたナチス党大会に出て、ヒットラーと直接会見したのであった。

元老西園寺公望は、日独防共協定を「ドイツに利用されるばかり」と批判しており、秩父宮の訪独に反対した。しかし、秩父宮は駐独大使館付陸軍武官の大島浩を呼び寄せ、ドイツ事情を二時間にわたり聞き、「やはりヒットラーには会っておいた方がよい」との決断を下した（柴田紳一『昭和の皇室と政治外交』）。

こうして秩父宮は、第九回ナチス党大会の午餐会でヒットラーと会見した。この時に同席した駐独大使武者小路公共によれば、秩父宮は席上口をきわめてスターリンを攻撃するヒットラーをたしなめたという。武者小路は、こうした秩父宮の態度を「痛快」と評した。

帰国後、秩父宮は近衛文麿首相に、「ドイツも日独防共とかなんとか言つて、一生懸命になつてゐるけれども、随分中が割れてゐて、経済財政の方面から見ても非常によくない」「一体日本では親英といふと馬鹿に親英になつてしまふし、親独といふと馬鹿に親独になつてしまふが、国際問題はよほど冷静に大局から見て考へないといけない」(『西園寺公と政局』)と、訪独の印象を語った。また文相に就任したばかりの木戸幸一には、「兎に角よくやって居る。只ヒットラーの死後はどうなるかゞ問題にて、伊も亦同様なれば、我国は之等の諸国に頼るは考へものにて、危険なり」(『木戸幸一日記』)と述べた。

結核発病　有能な秩父宮であったが、昭和十五年六月二十一日に発病した。「気管支炎の御徴あり」と『雍仁親王実紀』に記されている。陸軍大佐の種村佐孝は「私が着任して以来、六ヵ月余り同じ室で机を並べていると、宮様のお顔色がすき透るように青白い。又常に軽いせきや、痰を切る小せきをされるのが気にかかっていたが、御静養をおすすめすることもなく御発病の日を迎えたことは、かえすがえすも残念である」と回想している。この年八月に箱根の藤田家別荘に転地したが、風邪と発熱に苦しんだ。心配した貞明皇后は侍医寮御用掛の医師を派遣した。この療養中の十一月に西園寺公望が興津で亡くなった。

御殿場に移転したのは昭和十六年九月十六日。十月の三笠宮の結婚式には勢津子妃だけが出席した。別邸では防空訓練や灯火管制が行われ、十二月に英米への宣戦布告がなされた。昭和十七年になるとしばしば発熱し、レントゲン撮影をしたりした。高松宮夫妻が隔月に泊まりがけで見舞いに来た。勢津子妃は率先して別邸の防空訓練をしたり、皇后名代として静岡県や神奈川県に視察に出たりした。

昭和十九年の記録には「漿液排除」「人工気胸」「胸水排除」「穿刺排除」など治療の言葉が続く。その間、連日の空襲警報があり、昭和二十年八月十五日の敗戦を迎えた。「十五日（終戦）空襲警報、〇〇〇六―〇二五七。〇七〇〇―〇七四八。高松宮・同妃東京より自動車にて御参邸、正午終戦の玉音放送を共に御拝聴。寺尾博士拝診、穿刺排除一〇三三cc、人工気胸五〇〇cc」と『雍仁親王実紀』にある。「〇〇六―〇二五七」「〇七〇〇―〇七四八」とあるのは、午前〇時六分から二時五十七分、午前七時から七時四十八分までの二度、空襲警報があったということだろう。その後、高松宮夫妻が自動車でやってきて、ともに終戦を告げる「玉音放送」を聞いたのである。主治医の寺尾殿治博士も診察にきて穿刺排除と人工気胸を行った。

御殿場で聞いた「玉音放送」　高松宮夫妻は、十五日の午前十一時半に御殿場の秩父宮邸に着いていた。早朝に自動車で東京を出て、兄弟で正午の玉音放送を聴こうとしたのである。ともに終戦の経緯も、天皇がはじめてラジオ放送をすることも知っていた。高松宮としては病床の秩父宮が一人で放送を聴くのはさびしいであろうとの思いがあった。

主治医の寺尾は、東京から秩父宮邸に向かう途中で終戦を知り、涙に曇った目で、秩父宮に「本日の放送は、まことに残念なことと存じます」と挨拶した。しかし、秩父宮は「ああ」と述べただけであった。寺尾は「御表情にはさしたる変化も見られず、あまつさえ微笑すらほのかに漂っている」「戦争に敗れたくらいで、日本が亡びる筈はない。と、無言のうちに語られているようであった」と回想する（『秩父宮雍仁親王』）。

防空壕跡　秩父宮記念公園の園長が直接に園内を案内してくれた。「公園を有名にするためですから」と屈託がない。取材はすべてひきうけるという。たんなる腰掛け仕事ではない熱意を感じる。

結核を病み、勢津子妃とともに移り住んだ別荘は、戦時中のことでもあり、防空壕の跡もあった。庭で自給の野菜を作り、それを運んだトロッコも残る。「殿下が御自分でお作りになりました」という。母屋には正面に富士山が見える西の間がある。「この部屋が一番お好きだったようです」。「この西の間で、玉音放送を聞かれました」と根上さん。

その日のことを、高松宮妃喜久子は、こう語る。

御殿場に着いたら、お兄様は少し具合がお悪いとかでお休みでしたが、枕元で皆でお聞きしました。

ラジオはあまりよく聞き取られなかったが、それはそれは悲しかったわね。お姉様とワーワー泣いたわ。今でも、二人で「あの時は悲しかったわね」と話しています。

私たちは大泣きしましたが、宮様は涙を出されなかった。(『高松宮宣仁親王』)

ボランティアの支え　秩父宮と高松宮の両家は、戦後は三峰窯で陶芸を楽しんだりした。その窯と作品が今も邸内に残る。
昭和二十八年に雍仁親王が他界し、後、勢津子妃の遺言で別荘は御殿場市に寄贈された。約一万八千坪ある邸内の管理は大変だ。「ボランティアの方々のおかげです」と根上さんは言う。五年前の開園当初は、維持管理だけすればいいという状態だった。それを根上さんが園長となり民間の発想をとりいれてきた。四季のコンサートを企画し、園内施設の多目的活用を図ってきた。その成果が出て、年間十万人の来客があった。御殿場市の大きな観光拠点である。今後さらに増やしたいと語る。

「火曜日は燻蒸なので見ますか」と、園長は母屋に案内してくれた。茅葺きの建物は定期的に燻蒸をしないと老朽化する。二階の囲炉裏で三人の男性が火を焚いていた。煙が立ちこめて外にも流れた。「いつもご苦労様です」と園長は丁寧に挨拶する。皆、近隣に住むボランティアの人たちだ。園内を説明する人もボランティアという。「皆さん、この公園と植物が好きですから」。

小さな野草にいたるまでスケッチされたカラーの園内植物園図が、季節ごとに作られて配付されている。園内の草木を説明する根上さんはさながら園芸指導員であった。「有名な木は根元を踏まれるので枯れやすいのです。枝の広がる範囲内は、はいれないようにしました」と、樹齢百年を越す桜の木を指した。「春の桜の季節が一番混みますが、初夏の緑も秋の紅葉もいいです」。春にはライトアップの夜桜が楽しめるという。目の前に蕾を持ったクリスマスローズがあった。富士の雪景色も見える。冬もよさそうだ。邸内は茶道や華道の会にも使われる。「もっと多くのお客様に喜んでいただけるようにしたいです。それが宮様のご遺志にもつながると思います」。事務所に呼ばれると、根上さんは走って行った。

裾野皇居奉仕団　根上さんには園長のほかにもう一つの顔がある。裾野皇居奉仕団の総務係である。園長に抜擢された理由の一つでもあった。「もう十年になります。親戚に議員がいて、お前もどうだといわれました。郵便局長だったので会計管理などをしてます」。

皇居奉仕団は、終戦後に荒れた皇居を清掃するために結成されたボランティア活動である。皇居に入って落ち葉などを拾うのが仕事だ。「落ち葉がたまると、『ベンツ持ってこい』と言うのです」。ベンツは落ち葉を入れる箱を載せたリアカーだ。「箱が一杯になると、ベンツが出るぞと声をかけ合います。同じものを記念公園でも一台いただきました」。

皇居内のあちこちの植物を見られるのが楽しいと、根上さんは言う。宮内庁の係員が細かく説明してくれるのだ。時には天皇皇后が来られて慰労の言葉をかける。「紀子さまが自転車でお通りになったこともありました。悠仁さまもご一緒で。可愛らしかったです」と、根上さんは目を潤ませた。

楽しみな皇居の桜見学　十年も続けているので信用も篤く、皇居の奥深くまで入らせてもらえるという。「年々参加者は減っています。とくに若い人が少なくなっていますね」。以前は七十歳が年齢上限であったが、近年は七十五歳になった。「男性が少ないですね。裾野だけでは人数が足りませんので、三島や御殿場、沼津の人たちも一緒になってます」。
三泊四日、交通費も食事も自費。一年間貯金をして、ついでに東京見物などをする。全国の統一組織はない。静岡市や浜松市を中心にした奉仕団が別にあるが、県内でまとまってはいない。「人数を揃えて宮内庁に届け出るのです。桜の季節がいいので狙っています。その季節は競争も激しいですね。同じ日に、別の県の団体と組み合わせてくれます。それぞれ会話もはずみます」。観桜や社交も楽しめるというわけだ。「退職者が参加してくれれば」とも言う。

「宮内庁の方とは親しくなりました。先日は、宮内庁にある秩父宮さまのアルバムなどをいただきました。段ボール箱で数十箱になります。整理して展示していくつもりです」と、根上さんは常に前向きだ。平成二十二年春に根上さんは園長を辞任してアドバイザーとなった。

秩父宮会と会津会　ところで秩父宮記念公園園長時代の根上さんは、秩父宮会や会津会との交流も深かった。秩父宮会は埼玉県の社団法人であり、秩父地域を中心にスポーツや青少年健全育成などに努めている。

会津会は勢津子妃の出身地である会津若松市にある。かつての藩主であった会津松平家の関係者や市の助役、白虎隊記念館館長などが中心メンバーだ。旧会津松平藩は維新の戦争に際して賊軍の汚名を着せられたが、勢津子妃が皇室に嫁ぐことで名誉を回復した。

会津会にとって勢津子妃の存在は大きい。会津にある勢津子妃ゆかりの庭園・御薬園では、

御殿場高校創立四十五周年式典に臨席した秩父宮妃殿下。右は鈴木金作校長。

重陽の節句でもある九月九日の誕生日に重陽祭が行われた。平成二十一年（二〇〇九）には生誕百年祭が開かれ、「戊辰戦争後の会津に希望の光をもたらした」と地元紙の『福島民友』は報道した。

「開かれた皇室」について根上さんに聞いてみた。「皇室と庶民が一体化していくのはいいことだと思います」と言って、少し口ごもった。奉仕と崇敬の精神あふれる根上さんの心の中には、言葉ではうまく説明できない別の何かがあるように思えた。

新園長の抱負　根上さんを継いで新園長となった清岡正利さん（41）も、明るく積極的である。「前園長の築いてきたものを土台にして、これからはもっと地元の人たちも楽しめる公園にしていきたい」と抱負を語る。根上さん時代に好評だった「園長とそぞろ歩き」を継承し、約一時間ほど公園施設や草花の詳しい説明をする。事前の申し込みや連絡なしで参加できるのがいい。

清岡さんは設立当時から記念公園に関わっており、園内に慣れている。「宮内庁とも交流があります。いただいた秩父宮さまのお写真は、秩父会などとも相談しながら、展示できるようにしていくつもりです」。皇室との関係はどうなりますかと聞くと、「愛子さまや悠仁さまにも是非お来しいただきたいですね」と、弾んだ声が返ってきた。

5　神山復生病院

テストウィド神父の献身　かつて、ハンセン病が遺伝する不治の病と誤認されていたころ、静岡県では明治十六年（一八八三）にパリ外国宣教会のテストウィド神父が一人の女性ハンセン病患者と出会い、その救済に努めた。その後、御殿場市鮎沢の家屋を借りて数名の患者を保護し、さらに現在の御殿場市神山《こうやま》に土地を購入して明治二十二年五月二十二日に復生病院を開設した。

復生病院はハンセン病患者のために多くの努力を重ねた。患者の生活費を捻出し、治療をし、娯楽のための俳句会や劇団「天国座」を結成した。ハーモニカと紙太鼓の「復生バンド」も生まれた。病院内は家族的で、箱根にハイキングに行ったり、野球大会や運動会もした。病院の外との境は垣根があるだけで、隔離のための厳重な門はなかった。「出入りは比較的自由でした」と復生病院記念館の職員が説明してくれた。近隣の村人が「天国座」の演劇を見にきたという。「自分たちで茶なども栽培しました。自給自足でしたが、米だけは作れませんでした」。泥水に手をいれなければならず、病気によくないからだ。米を買う資金はどうしても必要だった。「皇室の援助はありがたかったです」と職員は言った。

神山の貞明皇后碑

皇室の援助　皇室の病院への援助は、明治三十四年に昭憲皇太后より一〇〇円の下賜金があった。米一俵が約四円五〇銭だったころである。以後、援助は継続され、大正十年からは宮内省より毎年助成金が届いた。そして大正十三年、貞明皇后が沼津御用邸行啓の際に、金一封と患者各自へ縞布地一反・裏地一反を贈った。この布地は沼津高等女学校生徒の奉仕活動で着物に仕立てられ患者一同に渡された。

昭和五年には、貞明皇后からの下賜金で患者1人ずつの希望品や病院備品（オルガン、映写機、ラジオ）などを購入し、残金とレゼー遺金とを患者慰安基金としてその利息を娯楽用品費に充てた。

貞明皇后の歌　昭和七年十一月十日、貞明

皇后より「つれづれの友となりてもなぐさめよ　ゆくことかたきわれにかはりて」の歌が贈られた。この年も下賜金で玄米三二〇俵、白米三〇俵を購入しており、「御下賜金で年間もっとも安く手に入れられる時期にまとめて購入できる」ので「とてもたすかった」と『神山復生病院の一〇〇年』は伝える。

昭和八年五月二十八日の故昭憲皇太后の誕生日には、貞明皇后は昭憲皇太后の「印」である「楓の実生」を一五〇本贈った。この楓は成長して、八十年近く経った現在も季節ごとに見事な青葉や紅葉を見せている。

線路沿いの見送り　こうした皇室の援助に対して、病院側は貞明皇后が沼津より帰京の際に「お見送り」をしたいとの希望を提出して許可された。

昭和八年六月七日、軽症者三十余名が送迎し、黒の洋装で車窓に起立している貞明皇后を見た。その時の一番年少だった男性は今も存命で、「列車が速くて、あっという間でした」と語る。それでも列車が通過した時は皆感極まって抱き合って涙した。「天刑と呼ばれる患者の奉送を、陛下がご起立になつておうけ下さつた」と「みな笑いながら感きわまつて泣いていた」と、『神山復生病院の一〇〇年』にある。

「わざわざ沼津まで出かけたのですか」と聞くと、「当時の東海道本線は、病院の敷地の側を通っていたのです。今の御殿場線になります」と教えられた。昭和九年に丹那トンネルができるまで、東海道本線は御殿場回りだったのである。

皇太子裕仁と岩下壮一　復生病院記念館に、昭和天皇の写真があるので驚いた。貞明皇后のハンセン病患者への援助はよく聞くが、昭和天皇とも接点があったのだろうか。

写真は皇太子時代の欧州視察当時のものだ。大正十年（一九二一）三月三日から九月三日にかけて、イギリス、イタリア、フランス、オランダなどを歴訪し、六月二十日にベルギーのルーベン大学を訪問したのであった。

ルーベン大学は第一次世界大戦でドイツ軍に占領され、付属図書館を焼き払われた経験があった。皇太子裕仁は焼け落ちた図書館の破壁の下で、天主公教会の枢機卿でかつての同大学哲学部長であったメルシェーから、当時の事情を聞いた。この時、文部省在外研究留学生として裕仁の案内をつとめたのが岩下壮一で、その一緒の場面が撮影されていたのである。

実業家の子　岩下壮一の父は、三井系の実業家で衆議院議員でもあった岩下清周《きよちか》であった。長男として生まれた壮一は、東大哲学科を卒業して大学院へ進み、七高で教鞭をとった。その後、英仏に留学し、大正十四年にカトリックの司祭となって帰国した。

このころ父の清周は北浜銀行の疑獄事件により罪に問われ、出獄後は富士山麓に隠棲していた。不二農園を経営し、温情舎小学校を建てたりした。そして、農園の近くにあったハンセン病患者を収容する神山復生病院の存在を知り、その援助をはじめたのであった。

当時の神山復生病院はフランス人などの外国人が経営しており、清周は「実に忍びない」という気持ちだったという。清周は壮一に「日本にはライ患者が多い。この方面に尽くせ」「らい者の友となれ」とハンセン病救済を訴えた（小坂井澄『人間の分際』、梅原卓『世評正しからず』）。

昭和三年には、しばしば岩下清周と壮一親子が時の復生病院院長であったドルワール・ド・レゼーを訪問し、援助をしたりした。が、清周もレゼーも他界し、貞明皇后はレゼーへの見舞いとして花と金一封を贈った。この年以後、毎年貞明皇后から下賜金がなされるようになった。

昭和五年十一月五日、レゼーの跡を継いで岩下壮一が六代目の病院長に就任する。皇室からの援助も続いた。

井深八重の献身　このころの看護婦に堀清子がいた。旧会津藩名門の家柄で、美貌の才女であった。発疹のため受診しハンセン病の疑いありと診断され、神山に入院した。そして堀は病院の生活の中で信仰を深めた。数年後、誤診とわかるが、看護婦として院内に残り、九十二年の生涯を患者の救済に捧げた。井深八重である。患者たちの中には本名を秘している人もいたのだ。井深は昭和三十六年にナイチンゲール記章を受章し、皇太子妃美智子（現皇后）や秩父宮妃勢津子と並んで写真を撮った。

宮崎駿監督の「千と千尋の神隠し」の「千尋」は、井深をイメージしたのではないかと思うことがある。突然、思いもかけない別世界に入り込んでしまって、本名も消えて、しかしその世界で懸命に生きていった。宮崎駿監督は構想に行き詰まると、近所を散歩するのだが、そのコースにはハンセン病療養所の国立多摩全生園があるという。いつしか宮崎は井深八重の存在を知って「千と千尋」の中に生かしていったのではないだろうかと想像したくなるほど、井深と「千尋」はイメージが重なる。

「皇恩」としての慈善事業　かつてのハンセン病救済は「皇恩」の宣揚を目的としていた。大正十一年ごろの経済不況の中で、牧野伸顕宮内大臣は貞明皇后に皇室の節倹と社会事業への貢献を求めた。貞明皇后は皇室の手許金を節約し、これを社会事業にあてる。こうして皇室は「慈善恩賞の府」となり、「皇恩」の概念が育っていった（片野真佐子『近代の皇后』）。

すなわち、社会的弱者救済は「皇恩」を具現化するための重要な施策であった。なかでもハンセン病救済事業は、内務省地方局長の次田大三郎が光明皇后の故事をふまえ、貞明皇后にその役割を願って承諾を得たという経緯があった。

貞明皇后の「慈愛」で広まったのは「皇恩」だけではなかった。皇室が援助することによって、皇室の下賜金だけでは十分とはいえない諸経費を補う、各界の寄付金や後援活動をひきだすことを可能にした。皇室の援助が副次的な効果をもたらしたのである。皇室の援助は、その金額の多寡よりも、「皇室が援助した」という事実に大きな意味を持っていた。

救ハンセン病の日　貞明皇后は昭和五年に井深を功労者として表彰するほか、神山復生病院のみならず全国のハンセン病問題に関心を持った。昭和六年には岡山国立療養所のハンセン病患者四七〇名に三〇〇〇円を下賜した。これを受けて、一木喜徳郎宮内大臣ら四〇〇名の宮内官も今後二十年以上継続的に醵金することを表明した。一回分の額は約一〇〇〇円になった。さらに昭和十年には台湾の患者へも下賜された。

また同じ昭和六年に貞明皇后の下賜金で「癩《らい》予防協会」が設立され、貞明皇后の誕生日である六月二十五日前後は「癩予防デー」とされた。現在も「ハンセン病を正しく理解する週間」として残る。

貞明皇后と昭憲皇太后の「印」である藤と楓にちなんだ藤楓《とうふう》協会が、貞明皇后が亡くなった昭和二十六年五月十七日の一ヶ月後の六月十三日に高松宮宣仁親王を総裁として設立され、救ハンセン病事業を続けた。同会は平成十五年三月三十一日に解散し、新たに「ふれあい福祉協会」が設立された。この間、神山復生病院には、協会総裁の高松宮宣仁のほか三笠宮寛仁夫妻や秩父宮勢津子妃らも幾度か来院した。皇后美智子の実家である正田家からも援助があったという。

平成二十一年秋に園内を回った。貞明皇后が下賜した楓の実生が立派な樹林となって紅葉していた。「ここにいると鳥に詳しくなります」と、職員は笑った。日時計が園内だけの時間を刻んでいた。翌平成二十二年五月二十四日、天皇明仁と皇后美智子は御殿場にある国立駿河療養所と神山復生病院の二つのハンセン病療養所を訪問した。

6　沼津御用邸と大中寺

皇太子の保養　鈴川や興津に遠出した昭憲皇太后は、沼津御用邸に滞在した。沼津御用邸本邸は、病弱の皇太子嘉仁（のち大正天皇）の夏の保養を目的として明治二十六年（一八九三）七月に完成していた。

かつて戊辰戦争の際に、有栖川熾仁親王率いる官軍は東海道を江戸に向かい静岡（駿河）

を通過した。この時、多くの者が静岡の地の温和さと景勝に心をひかれ、この地に別邸を持とうと思ったという。鹿児島藩士であった川村純義もその一人であった。川村は明治になって海軍卿となり伯爵を授かった。明治二十年代には、川村はじめ、大山巌、西郷従道ら維新の功労者たちの別荘が沼津の島郷地区に建った。

当時、東宮御用掛長の任にあった川村は、御用邸設置の地を沼津に選定した。当初は興津案もあったらしいが、山と海に挟まれて地形が狭隘だったため採用されなかったという。明治二十二年に鉄道が開通しており、東京からの交通の便のよさもあった。

住民の意向調査　沼津御用邸設置にあたり、宮内省は二つのルートで住民の意向を調査している。一つは宮内省から駿東郡長の河目俊宗を通じて湯原村長の奈良橋儀八に依頼されたものである。奈良橋は、建設に関して苦情がないこと、労力献納の準備ができること、場所が第一計画の地である島郷ならば「此上もなき仕合せなる」こと、道路と御用邸を結ぶ道は直線にしてほしいこと、網小屋は東方に移転してほしいことなどを、駿東郡書記の伊藤鉉一郎に報告した。

もう一つは宮内属の近藤久敬が直接に湯原村長代理で助役の柳下信太郎に面談し、現地を視察したものである。村民に不便はないかという近藤の質問に対して、柳下は海浜が御用邸の敷地外にあるので問題ないと返答した。また柳下は、御用邸が人家に近いと尊厳を侵すようになるかもしれないので、人家から離れたところに建築してほしいと述べた。

近藤は現地も視察し、「御料地界は小竹雑木等を以て之を遮り、階上より之れを望むも僅に人家の屋上を見るに過ぎず、夏季は多くは東南風なれば田園肥料の臭気、御用邸に及ぶの虞なかるべし」と判断した（『沼津市史　通史編　近代』『沼津市史　資料編　近代一』）。


皇太子嘉仁の遊泳　明治二十六年七月二十三日、皇太子嘉仁がはじめて沼津御用邸に入った。その時の様子が当時の『岳南日報』に記されている。

同紙によれば、小松宮彰仁はプラットホームで出迎えるため三島から「二人曳腕車」（人力車）で沼津駅に向かい、午前九時ごろに着いた。小松原英太郎県知事らは奉迎のため御殿場停車場まで出向いた。皇太子は午前十時三十分に沼津駅に着き、「腕車」に乗って、東宮武官らを従えて御用邸をめざし、十一時に無事に着いた。この間、沼津市民は花火を打ち上げ、戸ごとに日の丸を掲げた。

御用邸に着いた皇太子は、同行の学友らと午後二時から御用邸前の海浜で海水浴をした。海上には「一間四面ばかりなる筏に手摺」をつけたものを各所に浮かべた。「一間」は約一・八メートルである。「海水浴に用ゆべき白きシヤツを身に纏ひ、遊泳して右の筏に登り海中に飛び込むなど、遙かに此方より拝見せし為め確かに記すも憚りあれど、殿下は御遊泳には御練達の有様にて最《いと》も御活発に拝し奉れり」とある。

御用邸への行幸啓　表14にまとめたように、沼津御用邸の利用は、明治二十六年の皇太子嘉仁の行啓から昭和四十四年（一九六九）に御用邸が廃止されるまでの七十七年間で、歴代の天皇、皇后、皇太后らの利用日数はのべ五千日以上に及んだ。なかでも皇太子嘉仁（大正天皇）の利用日数がもっとも多かった。

明治三十三年には結婚したばかりの皇太子妃節子がはじめて来邸した。明治三十五年になると、かぞえ二歳の皇孫裕仁親王（のちの昭和天皇）が御用邸に隣接する川村純義の別荘に滞在する。川村は明治天皇から皇孫養育を任されたのであった。その後、皇太子第二子の雍仁親王（のちの秩父宮）も川村に預けられた。明治三十七年に川村が他界すると、その別邸を買い上げて、皇孫のための御用邸西附属邸とした。

昭憲皇太后がはじめて来邸して滞在したのは明治三十九年であった。明治末から大正はじめは昭憲皇太后、大正中期は皇太子裕仁（昭和天皇）、昭和は貞明皇后が、それぞれ頻繁に利用した。そして、昭和三十七年に皇太子明仁（今上天皇）が美智子妃と浩宮を連れて滞在したのが、御用邸として皇室を迎えた最後になった。現在は沼津御用邸記念公園として一般

表14　沼津御用邸への主な行幸啓一覧

年			月	滞在者	日数
和暦		西暦			
明治	26	1893	7	皇太子嘉仁（大正天皇）	29
	27	1894	1	同	41
			7	同	30
	29	1896	1	同	94
			12	同	89
	31	1898	4	同	28
			7	同	87
			12	同	97
	32	1899	6	同	23
			10	同	8
			11	同	40
	33	1900	4	同	24
			6	皇太子嘉仁・同妃節子（貞明皇后）	2
			10	皇太子嘉仁	17
			12	同	32
	34	1901	2	同	32
			12	同	36
	36	1903	1	同	70
			1	皇太子妃節子	52
			10	皇太子嘉仁	8
			11	同	20
	37	1904	1	同	41
			12	同	36
	38	1905	1	同	55
			3	同	35
			11	裕仁（昭和天皇）・雍仁・宣仁	136
	39	1906	1	皇后美子（昭憲皇太后）	99
			12	裕仁	97
	40	1907	1	皇后美子	82
	41	1908	1	同	102
			12	裕仁	82
	42	1909	1	皇后美子	95
			4	皇太子嘉仁	2
	43	1910	1	裕仁	74

			1	皇后美子	100
	44	1911	1	裕仁	77
			1	皇后美子	102
			2	皇太子嘉仁	1
			4	同	2
			6	同	8
			12	裕仁	94
	45	1912	1	皇后美子	97
			4	皇太子嘉仁	3
大正	2	1913	1	昭憲皇太后	189
			2	皇太子裕仁	45
			12	昭憲皇太后（美子）	126
	3	1914	3	皇太子裕仁	4
	4	1915	12	同	95
	5	1916	12	同	79
	6	1917	12	同	85
	7	1918	12	同	92
	9	1920	1	同	65
			6	同	2
	10	1921	1	同	26
			5	大正天皇（嘉仁）	37
			6	皇后節子（貞明皇后）	23
	11	1922	1	皇太子裕仁	8
	12	1923	1	同	55
			12	大正天皇	173
	13	1924	1	皇太子裕仁・同妃良子（香淳皇后）	2
			2	皇太子裕仁	4
			12	大正天皇・皇后節子	124
	14	1925	1	皇太子裕仁・同妃良子	2
昭和	2	1927	9	昭和天皇（裕仁）	2
	5	1930	6	同	2
	8	1933	3	貞明皇后（節子）	69
	10	1935	4	同	56
	12	1937	7	同	6
	13	1938	3	高松宮（宣仁）・同妃喜久子	19
	14	1939	11	昭和天皇	4
	16	1941	7	皇太子明仁（今上天皇）	48
			12	貞明皇后	

	19	1944	5	皇太子明仁	
	20	1945	12	貞明皇后	3
	21	1946	6	昭和天皇・皇后良子	1
				貞明皇后	
	23	1948	3	同	38
			7	皇太子明仁・義宮	45
	24	1949	3	貞明皇后	54
			4	昭和天皇・皇后良子	2
			7	皇太子明仁・義宮	41
	25	1950	3	貞明皇后	39
			3	皇后良子	3
			4	貞明皇后	19
			7	皇太子明仁	9
			7	義宮	32
	26	1951	2	貞明皇后	67
			3	昭和天皇・皇后良子	2
			7	皇太子明仁・義宮	8
	29	1954	11	昭和天皇	4
				皇后良子	1
	30	1955	7	高松宮妃喜久子	
	34	1959	3	三笠宮崇仁	
	37	1962	8	皇太子明仁・同妃美智子・浩宮	6

『沼津御用邸百年誌』より作成
日数の空白は不明

に公開されている（『沼津御用邸百年誌』）。

外出　御用邸に滞在したこれらの皇族たちは、御用邸内で日々を過ごしていたわけではない。皇太子嘉仁は愛鷹山で猟をしている。乗馬で中沢田の大中寺に出かけ漢詩を詠んだりもした。狩猟や大中寺行啓のために、馬車や人力車の通れる根方街道が整備された。

昭憲皇太后も鈴川や興津に行啓したのみならず、春日丘の宮川音蔵邸で女官たちと土筆《つくし》を摘んだりしている。邸内の玉座からは牛臥《うしぶせ》山、我入道《がにゅうどう》、千本松原、香貫《かぬき》山、狩野川、静浦が望めた。昭憲皇太后が千本松原の逍遙を楽しんだことにちなみ、明治四十一年に沼津公園が設置された。

昭和天皇と大中寺　皇孫たちも外出した。明治四十二年にかぞえ九歳の裕仁、八歳の雍仁、五歳の宣仁（のちの高松宮）の三皇孫が馬車で大中寺に行啓した。梅を見た後、園内で遊んだ。本堂で鐘を打ち、太鼓を鳴らし、木にも登ったという（ただし、この年の三皇孫の御用邸滞在は表14に記されていない）。

ある時、皇孫たちは厳しい警護をまいて境内を抜け出した。農道や畑を越えて西方の田端にある「子《ね》の神さま」で遊び、見つかると逃げた。村の人たちは皇孫とは知らず都会から来た子どもと思って適当に相手をしていたらしい。

裕仁は二十歳になる大正九年まで五回大中寺に行啓した。その後、戦争の時代を経て、昭和二十一年六月十八日に天皇裕仁は焦土と化した沼津市を巡幸した。四十六歳だった。当時、大手町に警察署があり、その屋上から市内を見渡した。天皇は北方を向き、「大中寺はあの方向か」と聞いた。市長が「さようでございます」と答えると、天皇は「実になつかしい」とつぶやいた。

さらに昭和五十八年になって、御殿場出身で日本社会党の勝間田清一が衆議院副議長就任の際に参内すると、天皇は「大中寺の梅はどうしているか」と聞いたという。

京都の風情　沼津の大中寺の山門をくぐると、昭憲皇太后がしばしばこの寺を訪れた意味がわかった気がした。大中寺開山は、天龍寺や西芳寺の築庭をした鎌倉末の臨済僧夢窓疎《むそうそ》石《せき》であった。こじんまりした瀟洒な境内が、京都郊外の古寺を思わせるのだ。

「昔は沼津の御用邸から見えたと思います。田んぼばかりでしたから。真っ直ぐ少し登る感じの道を来られたのでしょう」と、住職の下山光悦さん（62）が運営する駿河梅花文学賞事務局の坂野敏江さんは語る。住職が不在だったので、代わりに案内してくれた。

はじめは小松宮　明治維新後、大中寺を最初に訪れた皇族は小松宮彰仁親王であった。三島の別荘（楽寿園）から来たのだ。その後、皇太子嘉仁（のちの大正天皇）が沼津御用邸から馬に乗ってやってきて、貞明皇后や皇孫（裕仁、雍仁、宣仁）も遊びに来るようになったというわけである。

昭憲皇太后の沼津御用邸滞在は、明治三十九年以後、大正二年（一九一三）まで九回あった。その間、大中寺には明治四十二年から九回来たというから、同じ年に何度か来たわけで、よほど気に入ったのだろう。昭憲皇太后のかぞえ六十一歳から六十五歳までの時であった。

先の大中寺住職である高橋友道は、「すでにおとしを召された皇太后さまには、この山寺の禅寂がよほど御心にかなわせられたのであろうか、観梅に、筍がりをかねた観桜に、林下逍遙の御遊が多かった」と、『大中寺と沼津御用邸』に記している。

また、洞口猷壽『昭憲皇太后宮』には、「毎年二月中には必ず御探梅にお成り遊ばされ、四月上旬頃になれば桜狩をかね、寺境内の藪に生える筍狩りにお成り遊ばされました」「近侍の人々を御相手に、畏くも御自ら藪の中に入らせられまして」などとある。

「鳳鳴林」　大中寺の庭の奥の石碑には「昭憲皇太后、明治四十二年より大正二年に亘り九回行啓、筍狩御遊の処なり」とあり、「鳳鳴林」と記されている。「鳳鳴林」の名は、昭憲皇太后がここで笑ったことから当時の住職がつけた。後に大中寺を訪ねた貞明皇后にこの話をすると「だからうかつに笑えない」と貞明皇后も笑ったという。

大中寺で昭憲皇太后が笑ったのは、大正二年に御用掛の柳原愛子《なるこ》が大中寺の筍を掘ったときのことである。明治天皇の側室だった柳原は肉体労働に慣れておらず、息をはずませた。昭憲皇太后はこれを見て笑ったのだ。「御声高く笑ませられたのは此の時位」と洞口は書いている。翌大正三年に昭憲皇太后は六十六歳で亡くなった。

「鳳鳴林」の石碑の裏にはさほど広くはない竹藪があり、京都にいる錯覚を起こす。竹藪の土を踏むと軟らかかった。

鳳鳴林

幼少の日々の思い出　昭憲皇太后は京都で生まれた最後の皇后である。摂政関白となる家柄の一条家の娘で、二十歳で皇室に入った。天皇の東京移居に伴い、京都を去った。細身で、怜悧な女性だった。天皇は「天狗さん」と呼んだ。国母と仰がれ、維新後の女性の模範となった。近代国家建設のため休むことなく働き続けた。筍を掘った柳原も京都に生まれた公家の娘だった。天皇の寵愛を受けて、昭憲皇太后に代わって皇位継承者をもうけた。昭憲皇太后も柳原も、晩年になって大中寺を訪れ、京都で過ごした幼少の日々を思い出したのかもしれない。

大中寺の仏間に案内していただいた。「禅宗を信仰した鎌倉後期の花園天皇とゆかりが深く、今も花園会があります」と言う。仏壇には、明治以来の天皇と皇后の位牌があった。

江原素六　大中寺から五〇〇メートルほど東の歩ける距離に沼津市明治史料館がある。創設者は江原素六。貧しい御家人の子として江戸に生まれ、戊辰戦争で新政府軍と戦った幕臣であったが、明治維新後に静岡藩小参事となった。

沼津に移住して旧幕臣子女の教育などに尽力し、沼津兵学校や駿東女学校（現・静岡県立沼津西高等学校）の設立に関わった。東京の麻布学園を創設したのも江原であった。士族授産にもつとめ、愛鷹山官有地の払い下げ運動や茶の輸出会社設立などを行った。政治家としても活躍し、県会議員、駿東郡長などを経て、第一回衆議院議員選挙に当選して国会議員になり、その後六回当選して、さらに貴族院議員となった。この間、板垣退助と知り合って自由民権運動に関係し、自由党、憲政党、政友会の幹部として立憲政治の確立に貢献した。

また、江原はキリスト教徒でもあり、伝道につとめ、沼津協会を設立したり、東京キリスト教青年会（ＹＭＣＡ）第五代理事長や麻布メソジスト教会日曜学校長をつとめたりした。

沼津兵学校　江原が創設に関わったとされる沼津兵学校は、維新後に旧幕臣を中心として、人材育成と無禄移住者の授産をかねて組織された陸軍士官学校である。兵学校の教授には西周らが任命され、明治二年一月八日に兵学校と附属小学校が開校された。

その優秀な教育と人材などから、沼津兵学校の名は全国に知られ、他藩からの留学生が集まったり、他藩への教官派遣（御貸人）を行ったりした。しかし、教授陣に対して明治政府からの出仕命令が相次いだり、兵部省に管轄されたりして、明治四年十二月には大阪兵学寮分校の沼津出張兵学寮となり、翌五年五月には東京陸軍兵学寮教導団に編入され、廃止となった。わずか三年余りの歴史であったが、近代陸軍創設史において重要な意味を持った。

天朝御雇　当時、静岡藩では新政府へ出仕させた家臣を「天朝御雇」と呼んだ。藩に属しながら朝廷（政府）の御用をつとめた人びとのことであり、沼津兵学校では軍務官出仕となった揖斐章（三等教授方）と、神奈川県属司補席掌書となった松井甲太郎（書記方）などが知られる。沼津兵学校の教授や生徒のほかにも、表15にあるように軍事掛、沼津病院、沼津勤番組などから天朝御雇となった者がおり、その数は明治三年以後に増大していった。とりわけ兵学校一等教授方の赤松則良や同じく兵学校頭取の西周が相次いで天朝御雇となって沼津を去ったことは、新政府への出仕を促す大きな要因となった（樋口雄彦『沼津兵学校の研究』）。

泳ぐ皇族たち　沼津御用邸は大正天皇が亡くなって後は、主に貞明皇后が滞在して大正

表 15　沼津兵学校ほかの主な「天朝御雇」一覧

時期				氏名	役職			
明治	西暦	月	日		沼津		政府	
1	1968	12	12	川上冬崖	沼津兵学校	絵図方	開成所筆生	
		12	14	揖斐章	同	3等教授方	軍務官出仕	
2	1969	4	4	函館大経	同	御馬方	兵部省御馬掛	
		7	2	松井甲太郎	同	書記方	神奈川県属司補席掌書	
		9	8	篠原直路	沼津病院	3等医師	大学大助教	
		秋		山内勝明	沼津兵学校	3等教授方	陸軍	
3	1970	1	5	田辺太一	同	1等教授方	外務少丞外務1等書記官	
		1	29	桂川甫策	沼津病院	3等医師	大学中助教	
		2	17	河津祐賢	沼津勤番組	1番頬頭取	大阪陸軍所出仕	
		2	19	熊谷直孝	沼津兵学校	教授方手伝	民部省土木司出仕	
		3	13	赤松則良	同	1等教授方	兵部省出仕	
		5	3	林洞海	沼津病院	重立取扱	大学中博士	
		5	9	高島茂徳	沼津兵学校	3等教授方	民部省出仕	
		5	23	中村六三郎	同	測量方	大学中得業生	
		5月以前		山田昌邦	同	教授方手伝	民部省土木司准14等出仕	
		6		西尾政典	同	第1期資業生	大学南校判任官	×
		7	11	杉亨二	同	員外教授方	民部省12等出仕	
		7		西尾政典	同	第1期資業生	海軍兵学寮中得業生	
		8		山下守之	沼津勤番組	11番頬2等勤番	大学南校教授手伝	
		9	16	池田保光	沼津兵学校	第2期資業生	大学出仕教場手伝	
		9	28	西周	同	頭取	兵部省出仕少丞准席	
		10	20	永持明徳	同	3等教授方	大阪兵学寮（陸軍准大尉）	
		閏10	1	高島茂徳	同	3等教授方	陸軍兵学寮砲兵係	
		閏10	17	羽山蟓	同	体操方	大阪出張兵部省出仕	×
		閏10	21	堀田維禎	同	第2期資業生	大学少得業生	×
		12	1	杉田武	沼津病院頭取杉田玄端次男		大学出仕・中得業生席	
		12		鈴木重固	沼津兵学校	3等教授並	民部省土木権少佑准席	
		12		榎本長裕	同	3等教授並	大学東校	×
				山本淑儀	同	3等教授並	海軍兵学寮大得業生	
				万年千秋	同	3等教授方	大阪出張兵部省出仕	×
				森川重申	同	3等教授方	大阪出張兵部省出仕	×
4	1971	1	17	白戸隆盛	沼津勤番組	頭	陸軍少佐	
		2		片山直人	沼津兵学校	第3期資業生	横須賀製鉄所14等出仕	
		3		近藤義立	同	俗務生徒	大学少得業生准席	

樋口雄彦『沼津兵学校の研究』より作成

×は実際の就任がなかった者

天皇の冥福を祈った。今上天皇（明仁親王）も皇太子時代に沼津御用邸に滞在した。昭和十六年八月二十一日付の『読売新聞』は、「皇太子殿下は今春学習院初等科第二学年に御進級遊ばされたが、夏期中十分に御心身の御鍛錬あらせられるため去月十一日以来、沼津御用邸西附属邸に御滞在」と伝えた。皇太子明仁親王の沼津行啓はこの時がはじめてであった。午前五時半に起床し、午後八時ごろ就寝した。学科をこなし、近隣を見学した。また模型ヨットを持って海水浴をしたり、和舟で海上遊覧をしたりした。記事には笑顔で泳ぐかぞえ八歳の明仁の写真も載った。戦後の昭和二十一年七月にも明仁は沼津御用邸に滞在し、穂積重遠侍従ら五名と泳いだ。

昭和二十二年には弟の義宮正仁親王（のち常陸宮）と一緒に沼津に来た。明仁は西附属邸、義宮は東附属邸に滞在した。御用邸では、この年の正月に物騒なことがあった。何者かが忍び込み、女官の衣類などを盗んだのだ。戦後の物資不足の時代でもあり、切羽詰まったあげくの犯行であったかもしれないが、不用心であった。昭和二十六年に貞明皇后が他界し、御用邸はあまり利用されなくなった。

昭和三十年七月九日、明仁は東京から自動車で御用邸に近い学習院遊泳場にやってきて学友たちと泳いだ。その日は学習院寮にて初等学科時代の同窓会が行われた。先生や学友など五〇名ほどが五〇円の会費で、酒を持ち寄った。翌日、明仁は沼津を出発して神奈川県葉山の御用邸に向かった。その後、昭和三十四年に明仁は結婚。昭和三十七年には、明仁、美智子妃、満二歳の浩宮徳仁親王（現皇太子）の一家三人で沼津御用邸の夏を過ごした。「ムギワラ帽に白いチャンチャンコのような水着、その下から紺の海水パンツをちょっとのぞかせた浩宮さまが、松林をチョコチョコと走りまわる。それを追って皇太子さまと美智子妃。かくれんぼをしながら御用邸の庭から海岸へ」と、『朝日新聞』は伝えた。この日は朝からの猛暑で海岸は賑わった。しかし一家の姿を見つけると、「ワッと浜辺に集って、たちまち海面はからっぽ」となった。一家は砂浜にも出られず、御用邸裏の波よけのコンクリートの上を一〇〇メートルほど往復して御用邸の庭にもどらざるをえなかった。結局、浩宮は御用邸の庭で直径三メートルのビニールのプールに入って舟を浮かべて遊んだ。

沼津御用邸は、昭和四十四年（一九六九）に廃止されて記念公園となった。海水汚染などで十数年ほとんど使われなかったこと、下田市須崎に新しい御用邸を設置していることなどが理由だった。

V　県境

1　三島熔岩の池

三嶋大社　沼津御用邸に滞在した皇太子嘉仁や昭憲皇太后は、三嶋大社にも行啓した。皇太子嘉仁は明治二十六年七月二十九日と同二十九年三月九日に、昭憲皇太后は明治四十二年四月、同四十三年四月、同四十四年四月に、それぞれ参拝に出向いたのであった。また、昭和五年六月三日には昭和天皇が静岡県行幸の際に立ち寄り、同十二年には貞明皇后が行啓している。

そもそも近代皇室と三嶋大社とのかかわりは慶応四年（一八六八）四月十日、東征大総督の有栖川宮熾仁を沼津から箱根まで先導警護したことがはじめであった。そして、明治元年（一八六八）と改元した後の東幸において明治天皇は、十月七日に三島宿本陣に宿泊して三嶋大社に代拝を遣わし、その夜、大社殿舎を内侍所《ないしどころ》（神鏡を安置し内侍が守護した所、賢所の別称）奉安所としたのであった。

『明治天皇紀』によれば、天皇一行は七日午前七時に吉原を発し、原で小憩し、ここで

「富士山の勝景」を望んだ。「富士の天覧に入る、蓋し古来未曾有の事に属す」とある。歴代天皇としてここではじめて富士山を見たのだ。そして供奉の者たちに、東京に着くまで「各々望嶽の詩歌を随意詠進」せよと命じた。昼は沼津の本陣清水助右衛門の家ですまし、午後四時に三島に着き、本陣樋口伝左衛門の家を行在所として宿泊した。「行在所は最も富士山を望むに適す、亭あり、不二亭と名づく、此より又富士を賞覧あらせらる、行在所に近く三島神社あり、仍りて官幣使神祇官判事植松雅言を遣はして代拝せしめ、金幣二千疋を奉幣したまふ」「内侍所は三島神社拝殿に奉安す」とある。

「駿豆両国の境上」　『明治天皇紀』には、さらに「府中駿河藩主徳川家達の管内御休泊の設備、輦道の警備等指揮宜しきを得たるを賞したまふ」とあり、静岡県域を通過した天皇一行とその警備を担った人びとの安堵が伝わる。

また、旧韮山代官の江川太郎左衛門（英武）が「駿豆両国の境上」に出迎え、先駆して三島宿に至った。江川は「速かに帰順して其の傾葵の誠を」示したので、「物を賜ひて之を賞し、其の家譜を上らしめたまふ」とある。

さらに天皇は、幕末に官軍として箱根の関所で幕府軍の脱走兵や木更津藩主の林忠崇《ただたか》らと戦った旧幕臣の松下加兵衛重光の戦功を賞した。松下は維新後に男爵に推挙されたが、資産がないために断念し、宮内省式部職の儀典になった。

初参拝　その後も、明治天皇は京都還幸と再東幸の際に三島を通り、三嶋大社に内侍所を奉安するが、参拝はなかった。

明治天皇のはじめての三嶋大社参拝は、明治十一年の北陸東海両道巡幸の時である。天皇は明治十一年八月三十日に赤坂仮皇居を出発し、埼玉、群馬、長野、新潟、富山、石川、福井、滋賀、京都、岐阜、愛知を経て、十月三十一日に静岡に入った。そして十一月六日、三島に着き、はじめて三嶋大社を詣でたのであった。

この日早朝、明治天皇は肩輿にて蒲原を発し、峻坂のため中ノ郷村で馬車に乗りかえ、岩淵村で再び肩輿にて富士川の舟橋を渡った。その後、松岡村で再び馬車に乗り、吉原から原、沼津を過ぎて、午後四時に三島に着いた。「直に官幣大社三島神社に幸して御拝あらせらる」と『明治天皇紀』にある。行在所は世古六大夫の家であった。「是の日雨歇《や》まず、輦路泥濘深くして脚を没し、供奉の諸臣頗る困憊す」と一行の疲弊も記されている。

天皇は三島では静岡県令大迫貞清らを招いて酒饌で連日の労を慰め、県令に天盃を下賜した。夜は、清水太郎作ら所蔵の古文書や三島養魚場の狩野川産鱒などを見た。他方、参議大隈重信を韮山の視察に派遣した。また、隣県の神奈川県令だった野村靖らは、三島まで出迎えに来て、翌日の出発に備えていた。

翌七日、天皇は午前四時三十分起床、六時三十分に肩輿で三島を発し、三ツ谷新田、山中新田を越えて、神奈川県に入った。


豆州伊吹隊と玉鉾隊　ところで、遠州報国隊や駿州赤心隊とともに、伊豆地方では豆州伊吹隊が、明治維新における静岡県の勤皇草莽隊として知られた。勤皇草莽隊は、いずれも神官などを中心として幕末維新期に天皇家側についた人びとである。しかし、伊吹隊は、報国隊や赤心隊とはやや趣が異なっていた。

伊豆はもともと幕府直轄の地であり、韮山には代官が常駐し、三嶋大社（三嶋大明神）も幕府の支援を受けていた。そのため、遠州や駿州のような草莽隊結成が容易にはできなかったのだ。最終的には、慶応四年二月に尾張藩勤皇勧誘隊の都築九郎右衛門ら四名が、府中の浅間社や三保、草薙の神主らに依頼して、三嶋大社の神主である矢田部盛治を勤皇に導いた。矢田部はこれを受け、府中、八幡、三保、富士の神主らと協議して伊豆の鎮静警護取締を担うこととした。そして三島周辺の神主らも加えて、矢田部を隊長とする伊吹隊を結成したのである。その総数は七二名に達した。

伊吹隊は韮山代官から小銃と長槍などを借り、東征で官軍が三島宿を通過する際に沼津から箱根まで警備した。明治天皇の東幸でも警護の任についた。幕府の脱走兵の三島通過の対処もした。しかし、報国隊や赤心隊のように従軍することはなかった。

明治維新にあたり神社制度が改革されると、社領の返上があり、伊吹隊を構成していた神官たちは生活の道を失った。このため伊吹隊は自然消滅し、神官たちは帰農して神社との関係を離れたという。

伊吹隊とは別に玉鉾隊も組織された。伊豆韮山八幡宮神主の槙大和が中心となって、二一名が参加し、隊員は伊吹隊にも関わった。玉鉾隊は、官軍や勅使の三島通過の際に沼津から箱根まで警衛をつとめたほか、榎本武揚の幕府の脱走軍艦二隻が下田に入港する報告を聞いて下田の警備に向かった（『明治維新　静岡県勤皇義団事歴』）。

楽寿園の湧水　現在のJR三島駅から徒歩で二分の場所に、旧小松宮彰仁の別邸であった楽寿園がある。明治二十三年に造営されたもので、自然林に囲まれた湧水池（小浜池）を中心にした日本庭園と邸宅（楽寿館）からなる。明治四十四年に朝鮮王族の李垠の別荘となり、昭和二年に民間に売却され、さらに昭和二十七年に三島市が購入し、現在は三島市立公園「楽寿園」として一般公開されている。邸内には、楽寿館のほか、動物園、遊園地などが設置され、旧宮家の別邸ながら、市民の憩いの場として広く提供されている。

三島市は富士山の熔岩流の上にある。熔岩の下に伏流があり、それが清冽で豊富な水源となっている。楽寿園の中心ともいうべき小浜池も熔岩からなり、富士山の雨や雪が地下水となって湧いてくるため、季節によって水位が変わる。この変化する池面と自然林の勝景により、楽寿園は昭和二十九年に国の天然記念物及び名勝に指定された。ところが、昭和三十年代中頃より上流地域での地下水汲み上げ量が増加し、小浜池の水量が減りはじめ、池に水があるのは夏から秋の数ヶ月のみとなってしまい、近年は涸渇の危機にさらされている。水位はかつてのように上昇せず、熔岩の池底が露出した景色となってしまった。「日本経済の成長とともに、小浜池の水位は下がっていきました」と、楽寿館の職員は語る。

小松宮彰仁と「楽寿の間」　楽寿園を別荘とした小松宮彰仁は、幕末の四親王家の一つである伏見宮邦家の八男として京都に生まれた。はじめ仁和寺に出家したが、幕末の騒乱の中で還俗し、明治元年には官軍の海陸軍務総督となって戊辰戦争に従軍した。その後、英国へ軍事留学し、欧州の例にならい皇族が軍務に服すべきことを提唱し、自らも陸軍少尉となった。士族の反乱といわれる佐賀の乱や西南戦争にも征討総督として従軍し、明治二十三年に大将となった。楽寿園が築かれたのはそのころであった。

楽寿園は、数寄屋造りに京風建築をとりいれたもので、庭園と別邸が一体化しているところに持ち味がある。小浜池が満水の時に窓をすべて開け放てば、まるで水中に住む風情となるのだ。建具や金物にも趣向をこらし、「花筏」や「千鳥」の釘隠し、網代張りの腰障子や網干造りの手摺りなど海浜のイメージで統一されている。楽寿館の主室である「楽寿の間」からは小浜池が一望でき、同室の天井には一六〇面の格天井《ごうてんじょう》花卉《かき》図《ず》があり、襖と腰襖には小松宮が小浜池の印象を描くように命じて完成した野口幽谷の「池中鯉魚図《ちちゅうりぎょのず》」がそれぞれ八面ずつある。

　小松宮はこの別荘から沼津に出て、御用邸に向かう皇太子嘉仁を迎えるなどしたのであろう。一方、皇太子嘉仁のほうも御用邸から楽寿園に何度か来たといわれる。

朝鮮王族李垠の別荘になる　小松宮は明治三十六年に逝去するが、実子がなく、明治四十四年に楽寿園は朝鮮王族である李垠の別荘となる。

　李垠は朝鮮の皇太子であったが、十一歳で日本に留学させられ、陸軍軍人として教育された。明治四十三年の韓国併合により日本の皇族に準じた朝鮮王族となり、大正九年に梨本宮家の長女方子と結婚したのであった。

　方子の実母である梨本宮伊都子も神奈川県大磯の梨本宮家別荘から楽寿園に出かけ、「富士山の白雪が解け、その水が湧き出るという天然の池、その水は氷のように冷たく心地のよいものでした」との感想をもった。そしてこの時に、「日さかりも吹く風すずし池水のこほりのごとき上をすぎ来て」と詠んでいる（梨本伊都子『三代の天皇と私』）。

その後、李垠と方子は昭和二年五月二十三日から翌三年四月九日まで欧州諸国を歴訪するが、その資金調達のために楽寿園を売却した。

なお、李垠の別荘となった明治四十四年にホールと呼ばれる板張りの遊戯（ビリヤード）室が増築された。この部屋は、敗戦後に占領軍がダンスホールに利用するために棚の高さを変えたりペンキを塗り替えるなどの改修がなされ、現在に至っている。

国立遺伝学研究所　戦後の皇室と三島との関係で目をひくのが、遺伝に関する基礎研究と遺伝学の指導などを目的として、昭和二十四年に三島市谷田の高台に設置された国立遺伝学研究所である。昭和五十九年に大学共同利用機関となり、イネ、ショウジョウバエ、カイコ、マウス、ヒドラ、ウィルス、酵母、細菌などを研究材料とし、遺伝子改変や生物系統の収集保存などを行ってきた。

既出の表13に示したが、戦後の昭和二十九年十一月四日、伊豆旅行を目的とした四泊五日の行幸で三島駅に降りた昭和天皇は、まずは国立遺伝学研究所に立ち寄ったのであった。昭和四十年四月二十日の静岡・神奈川両県巡幸の際にも、三島駅に着くと国立遺伝学研究所を訪問し、その後小田原駅にもどり、富士屋ホテルに泊まったのである。

　昭和天皇が皇居内の生物学研究所で変形菌類や海産動物のヒドロ虫類の分類学的研究を続けた国際的評価のある研究者であることは知られている。現在も、昭和聖徳記念財団が天皇の業績の継承を奨励するために生物学系統分類に関する研究などに原則五〇万円の助成金を出したり、独立行政法人日本学術振興会が天皇の生物学研究を記念して国際生物学賞を授与したりしている。

　昭和天皇亡き後も、今上天皇や秋篠宮文仁が同研究所の五条堀《ごじょうぼり》孝教授の指導を受けている。今上天皇はＤＮＡによるハゼの系統分類を行った。平成二十年には、日本に棲息する二種類のハゼの進化の過程をＤＮＡの分析によって証明した論文を、五条堀や秋篠宮らとの共著でオランダの国際遺伝学雑誌『ジーン』に発表した。

　五条堀は、ＤＮＡ鑑定学会の理事長で、法医学を踏まえたＤＮＡ鑑定の専門書を共訳しており、殺人事件の解明に協力し、警視庁から感謝状を贈られたこともある。また、『ゲノムからみた生物の多様性と進化』『人間は生命を創れるか』などの著書も多い。

　遺伝学研究所発足当時は、「怪しげな研究をしている」と、トマトや生卵をぶつけられたという。アメリカでの炭疽菌テロの時は、本館の警備室内にあった郵便受けを室外に移したこともあったようだ。現在は、研究所の敷地内に研究用の桜が多数植えられ、桜の名所となっている。

ちなみに、遺伝学研究所の遺伝学部長をつとめた竹中要がソメイヨシノの起源の研究の際に、三島市谷田にあったソメイヨシノの実生から育てたものが三島桜で、研究所のほか三嶋大社にも植えられ、昭和四十六年に三島市の「市の花」に指定された。

2 施行平への旧道

樋口本陣　三島宿（現・三島市）は、三嶋大社の門前町として発展した。江戸幕府の天領で、現在の三島市役所の場所に、伊豆国統治のための代官所があった。宝暦九年（一七五九）に、三島代官所は韮山代官所に併合されて民政や警察事務を扱う三島陣屋となり、明治四年（一八七一）の廃藩置県で廃止された。

三島宿では樋口本陣と世古本陣が知られ、明治元年から明治二年にかけての明治天皇の京都と東京の往復に際しては、樋口本陣を利用した（表4～表6）。樋口家では、明治天皇のために本陣の各部を修繕したり増築したりし、庭内には富士山を眺められる不二亭なる茶室を新築した。不二亭は、後に三嶋大社に移築され、現在も残っている。

昭和十二年に刊行された静岡県『明治天皇聖蹟』によれば、樋口本陣には、明治天皇以外にも多くの皇族が宿泊したとある。明治二年十月には皇后（昭憲皇太后）が、明治五年四月には皇太后（英照皇太后）が、それぞれ京都から東京へ向かう際に泊った。不二亭には有栖川宮熾仁や山階宮晃が富士山を詠んだ歌が掲げてあったという。

三島宿は、今は商店街となり、花屋、陶器屋、パン屋、刃物屋、居酒屋などの小売店が並ぶ。三島市本町の交差点はスクランブルで、南西の角の花屋と陶器屋の間に樋口本陣跡の碑がある。本町の小中島商栄会が作成した樋口本陣の間取り図や昔の宿場の模型図などが書かれた説明板には、「本陣の建物は書院造で、門構え、玄関、上段の間、控の間などの部屋や湯殿、庭がある広大なもの」とある。

本町商店街は小規模店が軒を並べ、静かな活気がある。「三嶋大社と楽寿園のおかげでしょうか」と、本町交差点の南東で化粧品店を営んでいる樋口純一さん（57）は言う。自ら免許を得て三島焼酎を開発した。宣伝文は「果物に匹敵する糖度の三島甘藷、富士の白雪溶けて湧き出る三島の名水、遊び心あふれる三島の閑人、混ぜてみたら芋焼酎ができた、ガブガブ飲まず『チットラッツ』」。「チットラッツ」は三島言葉で「少しずつ」の意味とある。多色刷りの大正ロマン調のデザインの広報誌も定期的に出している。商店街の企業努力も見のがせない。

樋口さんは、樋口本陣の分家という。「本家は少し離れた別の場所に越しましたが、あまり交流はありません」。「大正年間にこの店を開いたようです。当時は小間物屋でした」。「樋口本陣跡の裏の空き地で、子どものころよく遊びましたね。『聖蹟』と呼ばれてました」と樋口さんは語る。

樋口本陣の碑と道路をはさんだ反対側、つまり交差点の北西側には世古本陣の碑がある。こちらは、三島の湧水を活かした洒落たデザインの器の中に碑があり、ライトアップされている。明治天皇が世古本陣に泊まったのは、北陸東海巡幸の帰路、明治十一年十一月六日であった（表7）。

「世古さんのところも、もう建物はありませんが、長円寺に門が残っています」と、樋口さんが教えてくれた。

コラム④　行幸中の厠

尾籠《びろう》な話題ではあるが、行幸中の明治天皇の厠はどうしたのだろうか。静岡県刊行の『明治天皇聖蹟』には、明治元年の東幸で三島の樋口伝左衛門方に泊まった際に厠が作られ、それを韮山知県事の江川太郎左衛門（英武）が拝領したとある。その後、樋口家から天皇がまた泊まるので使いたいという要望があり、江川家は渡すから大事に保管せよ命じている。

『明治天皇聖蹟』によれば、厠の材料や寸法は細かに定められており、朝顔の高さは一尺八寸（約五五センチ）で無節、檜造り、釘目無しとある。落箱は無節、檜造りで、高さ一尺（約三〇センチ）、長さ二尺（約六〇センチ）、幅七寸（約二一センチ）とされた。

落箱には取っ手付きの引出しがついており、これらも無節、檜造りであった。そして引出しの中には摺糠《すりぬか》が入っていた。

長円寺の門　本町交差点から三島駅方面にしばらく歩くと、左手に長円寺の門がある。かつての世古本陣の門を移築したと知らなければ、普通の寺の門と思ってしまう。門をくぐると世古六太夫の事蹟を記した三島市教育委員会の説明板があった。

六太夫は天保九年（一八三八）に三島の川原ケ谷村で生まれた。十四歳の時に世古家に入り、本陣や飛脚運送業の手伝いに従事し、幕末維新のころは本陣のほか三島宿問屋役などをつとめた。そのため、対立する幕府と官軍との間で苦労したとある。そして、こう続く。

慶応三年、韮山農兵の世話役を務める六太夫は、箱根関所を破り逃走した薩摩の浪士脇田一郎ほか二名を代官手代と協力して原宿一本松で召し捕っています。翌明治元年、幕府を脱した二百余名が沼津・霊山寺に陣取り、脇本陣・柏屋鈴木伊兵衛方に本営を置き、明神前に陣を張る官軍とが三島宿を挟んで対峙した際には、問屋役人でもあった六太夫は三島明神の矢田部式部らと必死で両者の調停をはかり、戦渦に巻き込まれる寸前で一触即発の危機から三島を救いましたが、結果、六太夫は幕府に通ずる者との嫌疑を受け官軍に捕らえられます。

維新後の六太夫は実業家として三島の発展に尽くし、学校や郵便局の設立に貢献した。明治二十八年に三島を離れ、沼津牛臥に旅館「三島館」を建て、大正四年（一九一五）に亡くなった。

長円寺の中村和子さんが門のいわれを詳しく教えてくれた。

明治二年ごろでしょうか、世古本陣の門をいただいたのですよ。世古家は檀家さんです。門は根元が腐食していたので四五センチほど切ったのです。昔は馬のまま通れたのですが、今は低くなって無理でしょうね。もともと門は朱肉で塗ってあったのですが、今は朱肉では経費もかかるので、そのままにしておりますので、由来を知らなければただの古びた門にしか見えないでしょうね。世古家のご遺族は神奈川に越されましたが、代々のお墓は、この長円寺に今もあります。

中村さんは、江戸時代には大名や朝鮮通信使も長円寺に来たと語る。「昔の参道は、本堂から旧東海道に真っ直ぐに延びていたのです。朝鮮の方々も宿に泊まられると、本寺に来られたそうです。しかし、その後、いろいろありまして、今では、境内も狭くなりました」。かつては、世古本陣の側から直線に伸びた長い参道があったが、時代の変化でそうした土地を売らねばならなかったのだ。「寺は貧しくて、父が住職になった時、本尊様が質に入っていたそうです」と、中村さんは笑った。

明治二十二年に国府津から静岡まで東海道線（現在の御殿場線）が開通した時、三島に駅はなかった。そのため、町が衰退した時期があり、明治三十一年に三島駅（現在の下土狩《しもとがり》駅）を設置して、豆相鉄道（現在の伊豆箱根鉄道駿豆線）で旧三島宿方面へ接続させた。その後、昭和九年（一九三四）に丹那トンネルが完成して現在の東海道線三島駅ができ、昭和

世古本陣址

長円寺門

四十四年には新幹線の新駅も置かれて、伊豆方面への交通の要所ともなったのである。三島繁栄の陰には、こうした駅誘致の熱意もあろう。

松雲寺　樋口本陣の碑の前に立って北側（世古本陣址のある方角）を向くと、右手に三嶋大社の門が見える。そして、その先には箱根峠に向かう旧東海道の急坂が続いている。箱根旧街道である。かつて多くの大名が往来し、象が上り、明治天皇が通った道だ。

三島宿から箱根峠までおよそ一三キロ、峠の標高は八四五メートルである。箱根旧街道はほぼ直線的に上った。平均二〇％、最大四〇％という勾配であった。現在の国道一号線はやや蛇行して登坂するので、その険しさは半減されたが、それでも一二％というきつい傾斜の連続である。大型車などは上下線とも低速運転で、その後ろに長い車の列ができたりする。

明治天皇は旧街道のこの急坂で何度か休息し、富士山をながめた。その跡がいくつか残る。錦田村三ツ谷新田の富士見屋、三ツ谷学校、山中新田の七兵衛見晴、笹屋本陣（広野助左衛門）、要蔵見晴、石割坂と、三度の行幸で六ヵ所ある。

まずは、富士見屋と三ツ谷学校があったと思われる松雲寺をめざした。旧道なのに意外に広い車道が続き、「明治天皇史蹟　松雲寺」と記された大きな石碑が見えた。「寺本陣旧跡」ともある。境内には「明治天皇御腰掛石」があり、「陛下はこの石に御腰掛けになられ富士

松雲寺

の霊峰を眺められたと伝えられている。小車のをすまきあけてみつるかな朝日輝くふしの白雪（御製）」と記されている。石に腰掛けると谷の向こうに富士山がそびえる。腰掛石の裏には大きな忠魂碑があり、「三ツ谷区出身戦没者英霊追善」の塔が立っていた。

寺の玄関で住職の小松康純さん（74）が合掌しながら笑顔で迎えてくれた。「三ツ谷学校は、この松雲寺です。明治六年から四十三年までの三十七年間、二十九世住職の日祥が教鞭をとりいわゆる寺子屋のような教育をしていました。今の市立坂小学校の前身です」という。

「松雲寺の縁起」には、正保元年（一六四四）に松雲院日明が開山し、明暦二年（一六五六）に創立したとある。以後、尾張家や紀伊家をはじめ参勤交代で街道を往還する西国大名たちの寺本陣となり、宝暦十三年（一七六三）に第十一回目の朝鮮通信使の休息所として本堂や庫裏の改築がなされた。幕末には十四代将軍の家茂や十五代の慶喜も休息している。「お立ち寄りになっていただくことで、経済的にも助かったのでしょうね。安政三年（一八五六）には、地震で破損したが復旧したのでまた休憩に寄って欲しいという手紙を桑名藩に出しています」と言う。

幕末の動乱の際には、有栖川宮熾仁親王が率いる官軍の進軍中に、慶喜の助命嘆願のために江戸から京都に向かっていた輪王寺宮（のち北白川宮能久親王）が泊まった。その後、輪王寺宮は三島に宿泊する予定であったが、かつて定宿としていた樋口本陣は官軍兵士でいっぱいとなっており、松雲寺から先に進めなかった。そのため、先に三島に送った食器などを引きもどすこととなり、輪王寺宮は明け方になってようやく松雲寺で夕食をとったという。

明治天皇は、明治十一年十一月七日、つまり三島の世古本陣に泊まった翌日、箱根峠をめざして旧街道を上り、「三ツ谷学校」に休息した。明治天皇が休んだという「お成りの間」に案内してもらった。本堂の奥にある一段高い畳の間で、御真影が掲げてあった。「戦前、坂小学校の奉安殿にあったものです」と言う。

「明治天皇の後に、来られた皇室の方々はおられますか」と尋ねると、「明治天皇の史蹟調査で来た人がいたようですね」という。昭和十六年十二月十三日、太平洋戦争がはじまった数日後、松雲寺は文部省告示第八六〇号により「明治天皇三ツ谷新田御小休所」として国の史跡指定を受けた。この時、静岡県では静岡市追手町の旧県会議事堂内、旧由比本陣習治方の宅地とともに「三聖蹟」として申請しており、それが認可されたのであった。翌昭和十七年一月十四日には、三島市長花島周一から松雲寺住職並び檀徒総代宛に、「現状の変更又は保存に影響を及ぼすべき行為は之を許可せざる事」の指令が下りた。そして、この史跡指定は、昭和二十三年六月十九日、ＧＨＱによって解除された。

「近隣の家々も、大名たちの往来があるので生活ができていたのでしょうね。大名などが通らなくなってから、この地域では畑仕事をするようになりました。谷が深いので耕すのは一苦労でした」。「今の国道一号線バイパスができるまでは、この寺の前の旧道が国道だったのです。車の往来が激しかったですね。今は閑静な道です」。谷越しに見る富士山は壮大だが、人びとの暮らしは平坦ではなかった。

住職さんは、ひとつひとつの質問に丁寧に答えてくれた。お礼をいうと、「一期一会です」と合掌された。

富士見屋　松雲寺から二軒もどると、そこが富士見屋という。明治天皇が明治元年の往復と明治二年に休息した場所だ。昭和八年に井上清純が編纂した『明治天皇聖蹟』には、富士見屋についてこうある。「内藤伊左衛門の宅なり。農を業とし、旁ら茶店を営む。富士見屋と号す。道の左側に在り。今、曾孫君太郎家を継ぐ。明治元年十月八日、十二月十日、二年三月二十五日の三たび御小休あらせらる。建物は爾後火災に罹ること三たび、今、湮滅す」。「道の左側」というのは三島宿から上ってきた位置である。

富士屋は今は民家で、玄孫にあたる内藤みねさんが「富士山がよく見えるので、茶など出したようです」と語った。

こわめし坂　松雲寺をさらに上ると、下長坂に出る。通称、こわめし坂。あまり長い急坂なので、汗と熱で背負った米が「こわめし」になったことから名づけられたという。また、「こわめし」を食べないと上れないほどの急坂という説もある。

道が狭くて車では通れないので新道の国道一号線で上長坂まで上る。上長坂で車を降りて、石畳の旧道を上る。結構、急である。江戸時代に気賀関所を通ってきた象は、箱根の坂で死にかかったので酒を飲ませて元気づけたという。気候も食べ物も違う土地に連れてこられ、日々山を登り川を渡らされた象の受難を思う。

雑木林の中の旧道の最後は階段になっていて、そこを上ると再び新道に出る。途中に「明治天皇休息碑」があるというので、探しながら歩いたのだが何もみつからないまま新道に出てしまった。あきらめて、もとの上長坂へ帰ろうとすると、雑木林の奥に石碑らしきものが見えた。夏だったら草が生い茂って何も見えないような場所である。

『明治天皇聖蹟』によれば、「七兵衛見晴シ」あるいは単に「見晴シ」とも言われた場所で、明治天皇が明治元年十月八日に休息したとある。眺望がよく、昭和二年三月に静岡県が『明治天皇御駐蹕阯』の八字を刻んだ碑を建てた。今は雑木で視野がさえぎられており、何も見晴らせない。

玄関先のもてなし　笹屋本陣は広野助左衛門の家で、山中新田の間宿にある御小休本陣である。『明治天皇聖蹟』には、明治元年十月八日、十二月十日、二年三月二十五日、十一年十一月七日の四度、天皇が休憩したとある。笹屋本陣は東海道線が開通して後、旅宿業を廃した。

笹屋本陣だったと教えられた家の玄関を入ると、主人の藤原和夫さんが出てきて、昔は「行《おこな》い休み」（休憩宿）をしていたと話してくれた。「ただ、本陣の笹屋は宗閑寺の傍にあった。台風で壊れたので他所に移り、分家の次男がここに来た」と言う。そして、こう語った。

　このあたりでは、ちょっとした里芋やみたらし団子、さつまいもを添えて、お茶を出したりしていた。焼き豆腐なんかも出したが、ここでは作らなかった。三島からもってきたね。大名や朝鮮通信使なんかも通った。家の造りも今と違って、玄関に六〇センチぐらいの板が張ってあって、旅の人はそこに腰掛けて休んだりした。奥には休憩する部屋もあった。その当時の膳や看板などは、三島楽寿園にある郷土資料館に保管されているよ。
　信州の種屋とか、富山の薬売とかも、よく通った。山の細い道を通ってきたんだろうね。獣道のようなところに、墓碑があったりする。鉄道ができたので、ここから御殿場に移った家も三、四軒ある。往来がなくなったので、谷で畑をするようになった。猪が出るので、堀を作ったりもしたね。

玄関先に腰掛けて藤原さんの話を聞いていると、恵美子夫人が、茶と金柑の煮物を出してくれた。突然の訪問にもかかわらず、藤原さん夫妻は親切に応対してくれた。昔もこうして不特定多数の旅人たちを玄関先でもてなしていたのだろう。

接待茶屋　三島からの急坂を上りきったあたりに接待茶屋がある。江戸後期から昭和四十年代まで、一時中断はあったが、篤志家たちが東海道を行き来する人たちに休息を与えてきた。旅人には一椀の粥、牛馬には一桶の煮麦をふるまったことから、この地を施行平と称した。明治天皇も接待茶屋で休んだ。接待茶屋では礼金をとらなかったので、明治天皇一行が謝金を置いた時、それを返すために小田原まで追いかけていったという話が残る。

接待茶屋付近には二つの「明治天皇御小休跡碑」がある。一つは施行平で、三島に続く箱根街道を見下ろす広々とした頂、もう一つは旧街道から少し外れた茂みの中。記録では明治元年十月八日に要蔵見晴で、同年十二月十日と翌明治二年三月二十五日に石割坂で、それぞれ休息したとある。施行平に要蔵見晴、旧街道に石割坂の碑がある。

3 箱根の離宮とホテル

箱根離宮　施行平を過ぎると神奈川県箱根町だ。箱根関所を通って芦ノ湖を望む小さな半島に出る。「塔ケ島」と呼ばれるこの半島に、かつて明治十九年竣工の箱根離宮があった。芦ノ湖越しの富士山を正面に置いた二階建ての西洋館と日本館である。
離宮には皇太子時代の大正天皇や昭和天皇はじめ、皇族や賓客が訪れた。しかし、関東大震災や北伊豆地震などで倒壊し、再建がならないまま昭和二十一年三月十八日に神奈川県に下賜されて、現在は恩賜箱根公園となっている。

恩賜公園内の高台にかつての西洋館を模した展望館がある。一階に箱根離宮の歴史や写真などが展示されており、当時の威容を伝えている。二階は展望台で、天気がよければ当時の皇族たちも眺めたであろう大きな富士山が間近に見える。

箱根行幸啓　『明治天皇紀』によれば、明治六年（一八七三）八月三日、明治天皇が皇后（昭憲皇太后）とともに静養のため箱根に向かっている。維新の改革が一段落して、新政府の官僚たちははじめて夏休みをとり、天皇と皇后も避暑に出たのだ。天皇の生母である中山慶子《よしこ》も同行した。

翌四日は小田原に泊まった。五日午前五時、天皇は騎馬、皇后は肩輿で発ち、八時三十五分に宮ノ下の奈良屋旅館に着いた。

宮ノ下滞在中の明治天皇と皇后は、箱根細工を買ったり、旅館主の安藤兵治が掘った天皇好物の里芋を食べたり、箱根神社の宝物を見たりした。箱根神社の近く、現在の松坂屋旅館の前に、明治天皇と皇后の「御駐輦之趾」がある。「明治六年八月二十日」とあるので、この行幸啓の時のものだ。この日、天皇は箱根山中で鹿狩りをし、翌二十一日、捕獲した鹿一頭を屠り、宮ノ下に隣接する底倉温泉滞留中の三条実美太政大臣らと酒宴を開いた。ちなみに、宮ノ下が明治以後に外国人の好む温泉として知られる場所であるのに対して、底倉は江戸時代から続く日本人向けの温泉といわれていた。

二十八日、明治天皇と皇后は宮ノ下での静養を終えて東京にもどる。明治天皇が避暑や避寒のために行幸したのは、この時一度だけであった。なお、この避暑中の二十四日に、天皇は相模国足柄上郡石原村字大地獄と、同底倉村字小地獄の地名を、大涌谷《おおわくだに》、小涌谷《こわきだに》と改称させた。

以後、明治天皇の箱根静養はなかったが、皇后は明治九年八月二十七日に療養のため宮ノ下温泉に向かい、奈良屋旅館に滞在する。足と手指が麻痺して歩行も困難なので温泉で治療したのである。万里小路《までのこうじ》博房宮内大輔、伊東方成二等侍医、高倉寿子典侍らがつきそった。

皇太子嘉仁（のちの大正天皇）も箱根で静養している。はじめは明治二十一年八月十日で、避暑のため箱根塔の沢で十八日まで過ごした。かぞえ十歳の皇太子はこの年の四月に百日咳を患い、すでに治癒したが予後の静養のため、教養主任の曾我祐準らが避暑を勧めたのであった。はじめ明治天皇は皇太子の転地を喜ばず、天皇生母の中山慶子も皇太子の遠行を好まなかったが、最後には天皇が「予後に適し、心身に可なるものありしかば」と同意したと、『明治天皇紀』は伝える。

二度目は明治二十三年。七月二十七日に興津に行幸して三週間を過ごした皇太子は、そこから箱根離宮に向かっている。

三度目は明治二十六年八月二十日。避暑のため同年七月二十三日から沼津御用邸で過ごしていた皇太子は、その後、箱根離宮に入ったのである。

蚊帳の紐　明治天皇八女で、のち朝香宮鳩彦妃となる富美宮允子も宮ノ下に静養に来た。明治二十五年五月以来の病のため、七月十五日に転地療養で訪れたのである。八月八日に発熱する騒ぎがあったが、「幾ばくもなくして快方に向う」と『明治天皇紀』にある。

その後、明治二十八年にこの富美宮の避暑ために造営されたのが、宮ノ下御用邸である。歴代御用邸の中では敷地が一六八二坪と規模は小さい。木造平屋の数寄屋風書院造りで、回遊式庭園には心字池がある。

昭和天皇も皇太子時代に滞在し、木曾檜の柱で支えられて四部屋に仕切られた御座所で過ごした。床の間のある十二畳の部屋は勉強部屋、その隣の同じ十二畳間が寝所である。大正六年に仙石原に富士屋ホテルの経営するゴルフ場ができて、皇太子であった昭和天皇は宮ノ下御用邸に避暑中は毎日のように通い、庭園にはネットを張って練習したと伝えられる。同御用邸は昭和九年に高松宮別邸となり、昭和二十一年七月に譲渡されて道路を隔てた富士屋ホテルの別館菊華荘となった。

現在の菊華荘には三室の宿泊施設がある。玄関には、秩父宮と高松宮とが一緒に来館した時や、平成十三年（二〇〇一）に秋篠宮一家が滞在した時の写真などが掲げてある。玄関正面には山口誓子の俳句が並んだ大きな額が飾ってあり、磨かれた廊下の奥がかつての御座所で、その畳の上に置かれたテーブルセットで懐石料理などを楽しめる様になっている。昭和天皇が皇太子時代に寝所にあてた部屋の四本の柱には今も蚊帳を吊した紐がぶらさがっており、「当時の紐そのままです」という。敷地内には天然温泉の源泉があり、総檜造りの温泉風呂も用意されている。

奈良屋カフェ　宮ノ下の奈良屋旅館は江戸時代から同族による経営が続いた老舗であった。箱根湯本正眼寺住職の岩崎宗純さんの調査によれば、安永七年（一七七八）刊行の温泉案内図「関東所々温泉案内並道程」に「奈らや兵治」の名が記されており、江戸後期には湯槽に映る三日月が満月になるまで逗留すればどんな難病でも治る「三日月湯」として喧伝されていたという。江戸時代の奈良屋には諸大名やその家族が湯治滞在する大名湯宿であり、東海道を往還する旅人の一夜湯治の場ともなった。

慶応三年四月に、フランスの青年貴族であるL・ド・ボーヴォワール伯爵が世界一周の途次に日本に立ち寄って奈良屋を訪れ入浴した。ボーヴォワール伯一行は男女混浴を体験し、

「アダムとイブの姿そのまま」の浴客たちにいたく関心を示したが、泊まったのは奈良屋ではなく、より高台の茶屋だったという。

明治六年に明治天皇と皇后が滞在して後は、宮ノ下は政財界人の高級温泉保養地として発展した。そして、明治十一年に奈良屋のライバルともいえる富士屋が外国人専用のホテルを開業する。奈良屋も富士屋も火災などの困難を乗り越えながら互いに意識し合い、奈良屋は明治二十年に三階建ての木造洋式ホテルを新築した。明治二十六年には、奈良屋は日本人専用、富士屋は外国人専用とする協定を結んだりした。

奈良屋は一万五千坪の敷地を有し、建物も文化財に指定され、業績も順調であった。戦後の昭和二十一年には佐々木惣一や近衛文麿らによって日本国憲法草案が練られたりした。しかし、平成十三年（二〇〇一）に相続税などの問題からやむなく廃業し、建物保存も認可されなかった。現在は宮ノ下駅前の奈良屋カフェとして老舗の歴史を残している。

富士屋史料展示室　奈良屋のライバルである富士屋一号館は明治三十九年建築で、国登録有形文化財近代化産業遺産になっている。外国人向けの構造であり、部屋は広く、天井も高い。バスタブも足のある外国人用のものである。エアコンなども新設されているが、調度品などは年代物のままである。部屋のバスに温泉が出る。大浴場の場所を聞くと、「ありますが、小さいです」との答えだった。日本の温泉なら浴衣姿のスリッパで館内を散策するのが定番だが、「室外に出る時は靴と服でお願いします」と念を押された。大浴場を見に行くと、広い屋内温泉プールの側に太閤湯と不老泉の二つの浴場がある。男湯となっていた太閤湯を覗くと、五人も入れば混雑しそうだった。不老泉はそれよりは少し広いらしい。ほかに貸し切りのマーメイドバスがあるが、いわゆる大浴場はない。

太閤湯を通り過ぎたところに「史料展示室」があり、富士屋の歴史を知ることができる。宿泊したチャップリンやヘレン・ケラー、ジョン・レノンら世界の著名人たちの写真がいくつも飾ってあった。「VIPの最低ランクが総理大臣クラスだ」と、見学者の声が聞こえた。

史料展示室には「皇室コーナー」があって、富士屋ホテルに滞在した皇族たちの写真や献立表なども展示されている。最も古いのは、昭和二年（一九二七）に秩父宮と高松宮の兄弟が来館した写真だ。スーツと靴の姿で屋外のプールサイドに立っている。菊華荘にあったものと同じものだ。戦後の昭和三十年には皇太子であった今上天皇と弟の常陸宮が、傘をさしだされて雪の中を歩いている。その翌年に清宮貴子が、さらに昭和三十三年には結婚を直前に控えた正田美智子と両親が来ていた。昭和四十年には、昭和天皇と香淳皇后が来館し、その時の椅子や献立表なども残っている。

閑院宮の肖像　富士屋ホテルから彫刻の森美術館を越えて、強羅駅に近づくと、強羅花壇がある。もともと旅館であったが、戦後になって旧閑院宮家の別邸である二階建て西洋館を譲り受けて懐石料理店としている。店主が袴姿で出迎えてくれた。玄関には閑院宮家ゆかりの品と思われる菊の紋章入りの姿見が置かれている。店内には髭の元帥と称された閑院宮載仁の肖像画が掲げてあり、外国人客が珍しそうに写真に撮っていた。庭は渓谷らしく、席からは広い雑木林が見下ろせた。桜の季節だったので、鶯の声も聞こえた。「この庭も閑院宮邸だったのですか」と聞けば、「もともと旅館と地続きでしたので、宮邸の部分もあります」という。「庭に下りられますか」と尋ねると、「客室になっておりますので」との返事だった。

閑院宮家は江戸時代以来の四親王家の一つであったが、戦後に皇籍離脱となり、財産税などで資産も失った。陸軍元帥として活躍した載仁は敗戦直前の昭和二十年五月に亡くなり、長男の春仁が戦後の処理をした。空襲で焼けた永田町の本邸はＧＨＱに接収され、春仁は小田原別邸に移り住んだ。小田原市城山の別邸地では、昭和二十四年に「戦後復興基金」の名目で競輪場を開設したり、春仁の妻であった直子が昭和三十二年に小田原女子短期大学を創設したりした。

旧閑院宮別邸（強羅花壇）

春仁は純仁と改名したり、性格不一致を理由に離婚したりするなど、戦後社会に多くの話題を提供したが、昭和六十三年に八十八歳で他界した。春仁以後、嗣子がなく閑院家は断絶した。

ケンペル・バーニー祭　ところで箱根町にはケンペルとバーニーという二人の外国人を讃えた碑がある。元禄四年（一六九一）にオランダ通信使節一員の医師として来日したドイツ人のエンゲルベルト・ケンペルと、大正年間に芦ノ湖畔に別荘を構えたイギリス人貿易商のシリルモンターギュ・バーニーである。

ケンペルは著書の『日本誌』で箱根の美しさやハコネグサなどを世界に紹介し、バーニーはケンペルの『日本誌』に感激してその序文を碑文にして箱根の自然保護を訴えた。箱根町では、箱根を愛したこの二人の外国人に敬意を表して、毎年、ケンペル・バーニー祭を開いている。かつては十一月二十三日に催されたが、現在は四月十二日となった。

ところで、ケンペルは『日本誌』で、日本には「聖職的皇帝」と「世俗的皇帝」の二人の支配者がいると紹介している。天皇と将軍である。そして、「聖職的皇帝」は、キリスト以前の紀元前六六〇年にそのはじまりがあり、天照大神の子孫の世襲によって継承されていると述べたのであった。鎖国時代の天皇を西洋社会に伝えた書物でもあった。

ケンペル・バーニー祭などによって、箱根の自然保護への意識が高められた。ハコネサンショウウオが町の天然記念物に指定されたこともその一つであろう。ハコネサンショウウオの生態は不明なところが多く、その調査が進められてきた。しかし、新道開通などにより生息地の環境が大きく変えられ、その保護が求められていたのである。

ハコネサンショウウオは、トカゲのような形態であり、箱根に限らず全国に生息していた。干物が強壮剤や薬としての効能があり、箱根街道の特産物として売られ、そうしたことから「ハコネ」の名が冠されたという。

昭和天皇は皇太子時代に、このハコネサンショウウオに強い関心を持った。学習院初等科を卒業したばかりのころ、大正三年と四年に箱根離宮に避暑に来ていた。当時、道もない須雲川上流に土地の青年に背負われて入り、ハコネサンショウウオを採集したのだ。現在の箱根新道の黒岩橋付近であり、「皇太子殿下御遊覧之地」の碑が残っている。

戦後になって、箱根町外二ヵ村組合役場は宮内庁にハコネサンショウウオを生きたまま持参した。昭和天皇が見たいと言ったからである（『ケンペル・バーニー祭』）。

4　二・二六事件と湯河原光風荘

湯河原襲撃　昭和十一年の二・二六事件において、興津在住の元老である西園寺公望は襲撃されなかった。しかし、神奈川県湯河原に静養中の元内大臣の牧野伸顕が狙われ、反乱将校と警護の警察官との間で銃撃戦があった。牧野は、西園寺とともに親英米派の重鎮とみなされ、軍の過激派から「君側の奸」として攻撃の的にされていたのである。

反乱軍は分担して各所の襲撃と占拠をもくろみ、雪の二月二十六日午前五時過ぎ、総理大臣官邸、斎藤実内大臣私邸、高橋是清大蔵大臣私邸、鈴木貫太郎侍従長官邸、渡辺錠太郎教育総監私邸、後藤文夫内務大臣官邸、陸軍大臣官邸、警視庁、陸軍省ならびに参謀本部、東京朝日新聞社、日本電報通信社、国民新聞社、報知新聞、東京日日新聞社、時事新報社、そして牧野が滞在していた湯河原の伊藤屋旅館別館に向かった。

湯河原は唯一、都心以外の襲撃場所となった。当初、興津の西園寺も狙われていたが、後継内閣の首班指名の機能が停止するので中止になったといわれる。

湯河原の伊藤屋旅館別館は、光風荘と呼ばれていた。伊藤屋旅館の前の県道と藤木川をはさんだ反対側の坂の中復にある隠居所のような小さな別荘だった。

銃撃戦と放火　光風荘襲撃は、所沢飛行学校の河野寿大尉ら軍人六人と水上源一ら民間人二人が行った。午前五時半ごろ、勝手口から「電報」と声をかけた。警護の皆川義孝巡査が戸を開けると、短銃をつきつけられて、牧野の寝室へ案内させられた。皆川の反撃で銃撃戦となり、首謀者の河野寿ら二人が負傷した。河野は右肺部貫通銃創で三島の陸軍衛戍《えいじゅ》病院に運ばれた。警護の皆川は殉職した。

皆川は茨城県出身で、昭和二年に警視庁巡査となり、警視庁警務部警衛課などに勤務し、事件直前の二月はじめに牧野の警備担当となったばかりであった。当時三十二歳で妻帯者だった。

銃撃戦のあと、反乱軍は光風荘を放火したが、牧野は地元の消防団第五分団前団長であった岩本亀三らによって救出されて脱出した。岩本は、湯河原の岩本屋旅館主人でもあり、事件当日、早朝出立の客のためにに玄関前でハイヤーを待っていたところ、光風荘が燃えているのに気づき、現場にかけつけ、牧野を救出したのであった。この時、左足に小銃弾を受けて全治一ヶ月の重傷を負った。

岩本はすでに故人となったが、生前に「中に入ろうと塀からのぞいたら、赤い柄の女物の着物をかぶった人が出てきた。牧野伯だと分かり、塀の上から着物をつかんで引き上げた。外に引きずりおろそうとした時、足を撃たれたが、そのまま一緒に斜面を滑り落ちた。そこへほかの消防団員が来たので伯爵を渡した」と語っていたという（『朝日新聞』昭和六十九年十二月十日　神奈川版）。岩本はのちに神奈川県から感謝状を贈られた。

この事件で伊豆屋旅館主人で消防団員であった八亀広蔵が消火作業中に頭部を負傷し、牧野付きの看護婦であった森鈴江が避難中に腕に流弾を受けた。

徳大寺の常宿　どうして反乱軍は牧野が湯河原にいることを知っていたのだろうか。

牧野は昭和十年十二月に内大臣を辞任して、その骨休めに湯河原に来ていた。公刊されている『牧野伸顕日記』には、昭和十年九月二十四日から昭和十一年五月二十一日までの記載がなく、この間の事情は知りがたい。ただ、昭和十一年五月二十一日に牧野の長女雪子の夫である吉田茂に関する記事がこうある。「二十日夜吉田家送別。茂、過日西園寺公往訪の節伝言あり、今後も二・二六事件如き出来事発生せずとも限らず、益々国家の為め尽され度し云々なり」。西園寺は吉田茂を介して、事件後の心構えを牧野に伝えていたのである。

再建された光風荘は今もあり、ボランティアの板垣博夫さん（73）と児玉静夫さん（74）が建物内を案内してくれた。事件関係者の遺品や写真などが各部屋に展示されていた。

「牧野さんは徳大寺さんに伊藤屋を紹介されたようです」と、児玉さんが説明してくれた。徳大寺といえば西園寺の実の兄弟である。徳大寺公純の長男が侍従長や内大臣をつとめた徳大寺実則で、次男が西園寺、六男が住友吉左右衛門（友純）なのである。

「でも、伊藤屋に泊まっていたのは、実則を継いだ公弘です。実則は大正八年に亡くなっていましたから」と、児玉さん。つまり、西園寺の甥が、牧野に伊藤屋を紹介したというわけだ。


磯部浅一の獄中手記　「事件の首謀者であった磯部浅一が、牧野が湯河原にいることをつきとめたようです。磯部の獄中手記にあります」と児玉さんが言葉を続ける。

磯部の手記を読むと、驚くようなことが書いてある。磯部は首謀者の中でも急進的であった栗原安秀中尉と牧野の居場所をさがしており、ようやく新聞の人事消息欄に載ったという。

栗原と余は、牧野の偵察に余念がないのだが、どうも所在が分らない。警察へきけばわかるだらうが、うかつな事をしたらとんでもない事になるし、それかと云つて、知名の士で牧野と近い人との知り合いももたぬし、新聞記者にでもきけばよからうとも思つたが、適当な人物を見出さぬ。ほとほと困つてゐた所が、二月三、四日頃の東京朝日？の人事消息欄に牧野伯、湯河原の光風荘に入る、午後一時卅幾分に小田原駅通過、の記事があるのだ。余はシメタと思ひ河野に連絡したら、河野は至急に偵察して、見当り次第ヤルと意気込む。河野の決意を部隊の担当者である栗原に通じたら、彼は今やられたら部隊で困る。同時決行でないと各個撃破を受けるから、一時隠忍して貰ひたりといふ。

確かに昭和十一年二月四日付の『朝日新聞』には人事消息欄に「牧野伯、湯河原へ」の記事が載っている。牧野の居場所を磯部から聞いた河野はすぐさま襲撃したかったが、全体の歩調を整えるために制止された。

牧野の偵察　襲撃を制止された河野は、牧野の偵察に湯河原に出かけた。河野は軍刀とピストルを持って磯部を訪ねてきて、「私は一足先にやるかも知れぬ」と言った。磯部は「我慢できないか」と問うと、「いや牧野の偵察をしに湯河原に行くだけですよ」と笑った。磯部は心配した磯部が「部隊の方の関係から云ふと軽挙は出来ぬぞ」と注意すると、「何にッ、牧野と云ふ奴は悪の本尊だ、それにもかかわらず運がいい奴だから、やれる時やつておかぬと、又何時やれるかわかりませんよ、やれたらやつてもいいでせう」とまた笑っていた。結局、磯部は河野に「よからふ、やつて下さい、東京の方は小生が直に連絡をして、急な弾圧にはそなへる事にしやう、若しひどく弾圧をする様なら、弾圧勢力の中心点に向つて突入する事位ひは出来るだらふからやつて呉れ」と頼んだのであった。

ところが、河野はその翌日の夜にがっかりして湯河原から帰ってきた。光風荘をさがしたが、そんな所はないといわれたのだ。旅館では天野屋へ時々来ると言ったので、天野屋もさぐったが牧野はいなかった。不審に思った伊藤屋がはぐらかしたのかもしれない。そのため、磯部は清浦奎吾元総理の下で暗躍する政治浪人の森伝に問い合わせ、あらためて湯河原の伊藤屋旅館にいるとの情報を得た。磯部は「平然をよそほつていたが、内心飛び立つ程にうれしかつた」という。

伊藤屋で視察していた夫妻　伊藤屋旅館で徳大寺が泊まっていた部屋を見せてもらった。何間もある広い部屋だった。一間も広い。徳大寺のために特別に増築し、膳は下の部屋まで、そこからは徳大寺家お付きの者が部屋に運んだ。「大勢様はお泊めしませんので」と言う。確かにどの部屋も広いが、夫婦か一家族しか泊まっておらず、静かな時間を過ごせる宿である。

「ここが牧野伯を偵察するために渋川善助夫妻が泊まっていた部屋です」と紹介された。その部屋は道路側は全面ガラス窓で、その向こうに光風荘が見えた。陸軍士官学校を退学して民間人となっていた渋川善助が手紙で牧野の動向を磯部に送っていた。「牧野は確かに伊藤屋の別館に滞在してゐるとの通知、伊藤屋本館に滞在中の徳大寺の所へ時々囲碁をやりに来る。其の時も警戒付で、平素四、五人の警官がついてゐるとの報だ」と磯部は書いている。

倒錯した正義　河野はなぜ牧野襲撃に執念を持ったのだろうか。河野は磯部に「私は小学校の時、陛下の行幸に際し、父からこんな事を教へられました。『今日陛下の行幸をお迎へに御前達はゆくのだが、若し陛下のロボ〔鹵簿〕を乱す悪漢がお前達のそばからとび出したら如何するか』。私も兄も、父の問に答へなかつたら、父が厳然として、『とびついて行つて殺せ』と云ひました。私は理屈は知りません、しいて私の理屈を云へば、父が子供の時教へて呉れた、賊にとびついて行つて殺せと言ふ、たつた一つがあるのです。牧野だけは私にやらして下さい、牧野を殺すことは、私の父の命令の様なものですよ」と語っている。磯部は、「其の信念のとう徹せる、其の心境の澄み切つたる、余は強く肺肝をさされた様に感じた」という。

河野は、派閥抗争によって生みだされた牧野への風評を信じて、殺人を「忠孝の道」と思い込んだのだ。

なお、西園寺襲撃については、「大して困難な襲撃目標でないことを知つてゐるが、豊橋より興津迄自動車で夜間七時間近くを要するので、此の点を心配した」と磯部は回顧する。純粋な正義を主張する反面、あれこれと打算が働いていた。


自決とその後　三島の陸軍衛戍病院で治療を受けた河野寿は、親族から促され差し入れの果物ナイフで自決する。二十八歳であった。辞世は「あを嵐　過ぎて静けき日和かな」。昭和十一年三月五日とある。

事件の加害者と被害者のそれぞれの立場を配慮して訥々と説明してきたガイドの児玉さんは、事件後にたどった日本の悲惨さを語る時やや感情が入った。昭和十年の国体明徴運動で天皇機関説が否定され、天皇絶対説が強要されたことに大きな問題があると言う。「思想問題の決着を政府がつけるのはおかしいです」と語気が強まった。

児玉さんの生年を尋ねると、「昭和十年です」と言う。二・二六事件の前年、国体明徴運動の年だった。まさに天皇絶対主義の時代の中で思想形成がなされ、「お国のためにいつでも死ねる」少国民として育てられ、十歳の時に敗戦で思想変更を余儀なくされた世代だ。板垣さんのほうは児玉さんの一歳下、事件のあった九ヶ月後の十一月九日生まれだった。

「ボランティアはここだけではなくて、湯河原の名所のいくつかを案内しています。でも、皆さん、光風荘のガイドは難しいといいますね」。その中で、児玉さんが一番詳しい説明ができる人だと、板垣さんは言う。児玉さんも、板垣さんも、事件が自分たちの人生に与えた影響を感じているようにみえた。

児玉さんは、「光風荘は、いままでは都外で唯一の事件記念館でした。しかし、今は全国で唯一の記念館となりました」と述べて、説明を締めくくった。どういう意味か聞くと、「河野大尉の遺族らで作った仏心会が都内にあったのですが、その資料を防衛省に寄贈したのです」と言う。反乱将校たちの記録を防衛省が保管しているというのだ。事件から七十余年、戦後も六十年を過ぎて、防衛省はあの事件から何を学ぼうとしているのだろうか。

5　熱海の走り湯

梨本宮家の伊豆山別荘

李垠と結婚した方子の実家は、梨本宮家である。本邸は渋谷にあったが、神奈川県の大磯、山梨県の河口湖のほか熱海の伊豆山にも別荘があった。

伊豆山別荘の上棟式は昭和十二年六月。二・二六事件の四ヶ月後である。梨本宮は七月十二日に一家で伊豆山の別荘を見に来た。梨本宮妃であった伊都子の日記には、「屋根は大かた出来、ゆかはまだ。形は大かたわかつた」とある。十二月二十日には別荘があらかたできて、大磯の別荘から荷物を運んだ。

伊都子は伊豆山の別荘が気に入っており、「この邸は私が年をとってからここに住むつもりでした。晴れた日には大島や真鶴までくっきり見えるという眺めのよい高台にあったのです。老人になって足腰が弱くなっても、ここなら空気もきれいで、一日中眺めていても飽きない場所でしたから、宮様と相談して建てた家でした」と、自伝『三代の天皇と私』に書いている。

しかし、戦後の財産税納入により梨本宮家は家具やいくつかの別荘を売却し、伊豆山別荘も手放さざるを得なくなった。

別荘は六四八段目　伊都子は昭和二十一年十一月二十四日、伊豆山別荘を売るための整理をしている。日記には「二年ほどこなかったら、松といはず、庭木はとても生長して茂り、とてもおちつきがみえ、よくなった。何としても、これを手ばなす事はおしまれる。いくら浮世の運命とはいへ、こんななさけない事はない。かたづけるのも、はり合ひがない」とある。夫の守正は、戦犯容疑は晴れたが、あまりに多くのことがありすぎて、自邸にひきこ

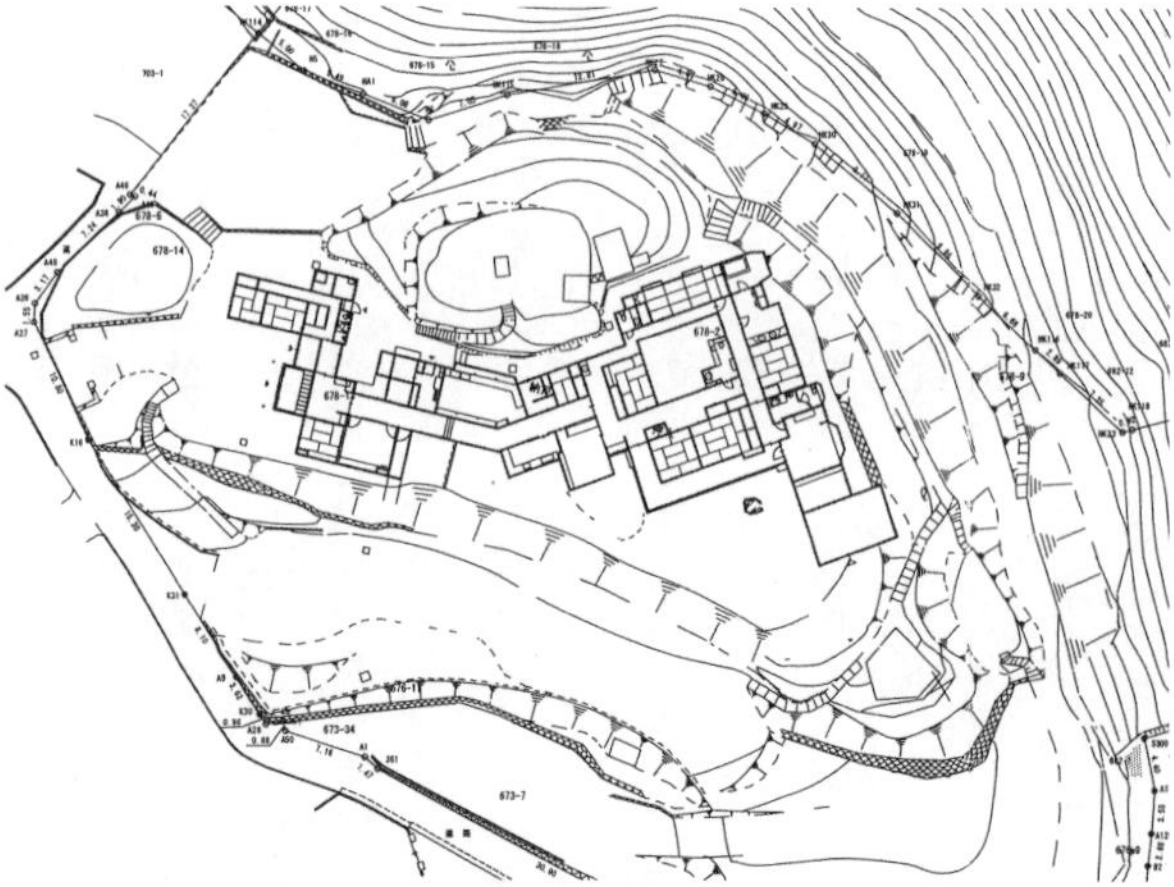

旧梨本宮別邸の図面（解体前）

もっており、伊豆山に来ようともしなかった。

同月二十六日、伊都子は別荘の家具などを整理して、散歩に出た。「一寸外の坂道を下り国道に出、神社の石段から上つてかへつてきた。午後はもう何もなし。御湯も今日は三時過ぎたけれどもぬるい。ろくな事なし」と日記にある。

「国道」とあるのは、現在の国道一三五号線である。相模灘に面した源泉の「走り湯」から、この国道を横切り、権現坂を上り、伊豆山神社までは八三七段の階段があるという。国道あたりが二七三段で、梨本宮別荘へは六四八段目の権現坂から横に入る。現在の仲道公民館のすぐ下である。当時、六十四歳であった伊都子は三七五段の階段を踏みしめながら、別荘との別れを惜しんだ。三時過ぎに六四八段下の「走り湯」から湯が届いた。「走り湯」から旧梨本宮別邸までの六四八段を往復すると、冬でもかなりの汗が出る。が、伊都子はぬるかったので不満があった。大好きな別荘を失うという気持ちが、感謝の心をなくさせていたかのようだ。

伊豆山神社　伊豆山神社は、平治元年（一一五九）の平治の乱で平氏に敗れて伊豆に流された源頼朝が、源氏再興を祈願した神社である。北条政子との逢瀬の場としても知られ、現在でも縁結びを願って参道を上がってくる参拝者が多い。

はじめは熱海峠のあたりにあり、その後、本宮山に移動して、承和三年（八三六）に現在の地に遷座したという。古来、伊豆大権現、走湯大権現、伊豆御宮、走湯社などと称されてきたが、明治になって伊豆山神社と改称された。

明治維新の神仏分離令で寺は分離された。大正三年には皇太子裕仁（のちの昭和天皇）が参拝した。その時の手植えの黒松が、今も本殿脇にある。昭和三年の昭和天皇大典で国幣小社となり、秩父宮はじめ各皇族から金一封を下賜された。梨本宮家からは日本刀一口と槍一筋が寄進されている。

伊豆山神社は、富士山から入った龍が十国峠と岩戸山に横たわって、海に向かって息を吐いた時の頭と角の場所であるという。そして、口が「走り湯」の洞窟であるとされる。「走り湯」は一三〇〇年ほど前に役行者《えんのぎょうじゃ》が紹介したと伝えられており、伊豆山の麓で海に向かって走る熱い湧き湯というのが「走り湯」の名の由来となった。実際、「走り湯」は横穴式源泉であり、奥行き五メートルの洞窟から一日七〇〇〇トンの湯が湧き出ているという。その温度は七〇度といわれ、梨本別邸に運びあげるには冷めることもあったかもしれない。

別荘の取り壊し　平成二十二年二月十九日、旧梨本宮家の伊豆山別荘の場所を訪ねた。驚いたことに、丁度、解体作業をしている最中であった。別荘は梨本家から売却された後に所有者を変えて、今度また新しい所有者となり建てかえをするというのだ。別荘の半分がすでに解体されていたが、かえって残りの室内が素通しで見えた。そして伊都子が大島や真鶴を眺めたであろう高台の場所も見当がついた。かつて梨本家で七十七年におよぶ伊都子妃の日記を全部読んだことのある私にとっては、運命の出会いともいえた。

「ここの下半分も梨本宮家の別荘でした」と教えられた。高額であったため、上と下とに分割して売却したという。確かに、伊都子の日記にも「下の別館を一寸見に行く。これは又別に買い手をさがすとの事」とある。

御用邸と別荘　熱海は江戸時代からの湯治場であり、明治二十一年には瓦葺二階建の御用邸が設置され、皇太子嘉仁はじめ多くの皇族が訪れた。かつて寛永年間に三代将軍の徳川家光が御殿を造営したものの一度も使用されず、御殿は取り壊されて跡地が御殿地とも呼ばれた場所を、明治十一年に三菱の岩崎弥太郎が購入し、さらに明治十六年に宮内省に提供して、皇太子嘉仁の避寒のために御用邸としたのであった。毎年一月から三月にかけて来邸したといわれる。

明治二十三年には英照皇太后（孝明天皇の后）が御用邸に行啓したと『静岡大務新聞』は伝えている。三島警察署長が先導し、熱海分署長、近衛騎兵、内舎人、女官、皇太后宮大夫、侍医らが輿を守った。警察部長、県庶務課長、郡長、書記、熱海村村長・吏員・村議らが人力車で続く「なかなか見事な行列」であったとある。住民は当日早朝から家毎に日の丸を掲げ、道筋の各戸口には盛砂をして、仕事を休んで歓迎したという（『熱海歴史年表』）。

御用邸は昭和六年に熱海町に払い下げられて、現在は熱海市役所と文化会館が建つ場所に御用邸跡の碑のみが残る。

熱海には、維新前にも蜂須賀家の別荘があったといわれる。維新後、もっとも早かったのは長州出身の陸軍大輔である鳥尾小弥太の別荘であった。その後、医師の佐々木東洋や陸軍軍人の三浦梧楼の別荘が建ち、後藤象二郎や曾我祐準らの別荘も出来ていった。

大正五年当時の別荘で有爵者のものは、侯爵が浅野長勲、蜂須賀茂昭、鍋島直大、松方正

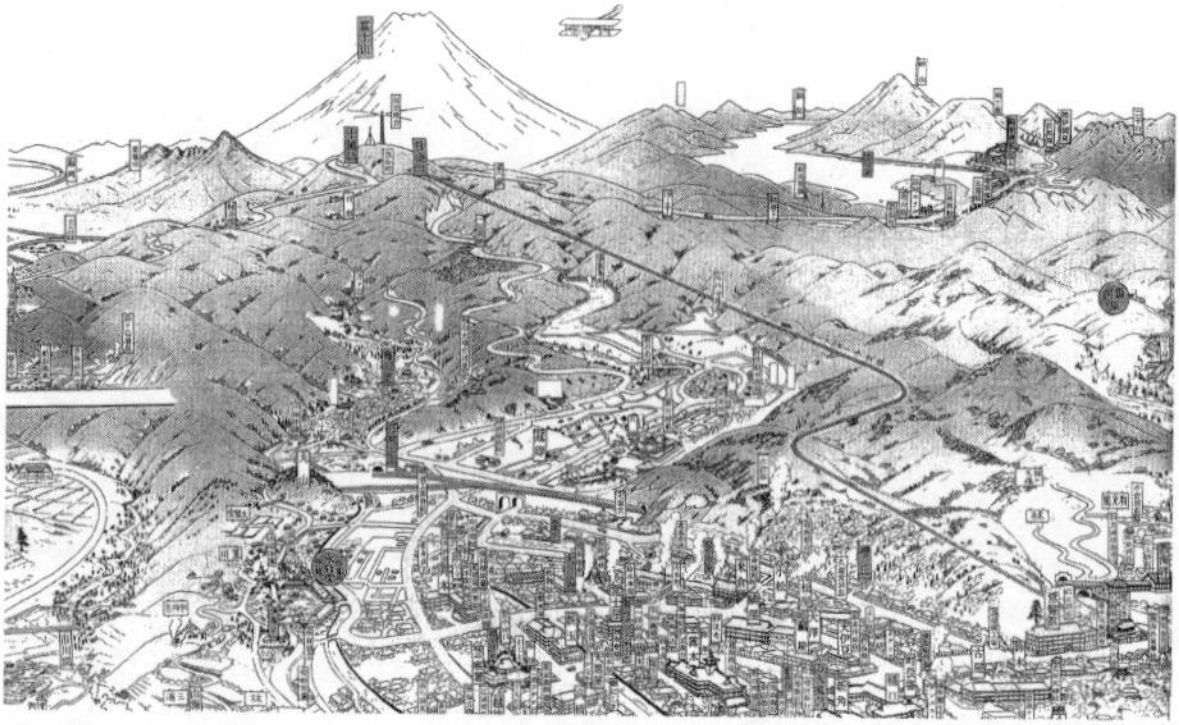

「熱海・伊豆山温泉と附近鳥瞰図」（1934 年 1 月 1 日発行）

義、子爵が曾我祐準、渡辺国武、三浦梧楼、男爵が尾崎三良、西竹一、松田正久、安保清種、後藤新平と十二邸あり、ほかにも政財界の実力者や著名人の別荘が数多く建っていた。

熱海にあった皇族の別荘　伊豆山別荘に滞在中の梨本宮妃伊都子は、熱海にある朝香宮と久邇宮の別荘にも出かけている。熱海には皇族の別荘もいくつかあったのだ。

熱海市立図書館市史編纂室の梅原郁三さん（68）に、かつての皇族の別荘があった場所を教えてもらった。熱海市立図書館は急坂にある五階建てである。海側の一階から入るとマンションの入口と間違えそうだが、正面入口は山側の三階にあり、三階から入ると確かに図書館である。館長の鈴木順子さんに案内されて、四階の市史編纂室で梅原さんから当時の熱海の史料や地図を見せていただいた。
「久邇宮さんは、図書館の玄関を出て右に少し歩いて角あたりに碑が残っています。朝香宮さんは、玄関から左にしばらく歩いて、来の宮神社の入口のあるあたりから海側に下ると薬局があって、その奥のマンションのところです」と教えてくれた。当時の熱海の地図を見ると、久邇宮と朝香宮の名がしっかりと記されている。
久邇宮と朝香宮の別荘の間はやや離れているが、歩けない距離ではない。朝香宮当主であった鳩彦は久邇宮朝彦《あさひこ》の八男で、当時の当主である邦彦《くによし》は朝彦三男、梨本宮家当主の守正も朝彦四男であった。久邇宮、梨本宮、朝香宮はみな実の兄弟だった。

パイプのけむり　熱海には伏見宮の別荘もあった。伏見宮邦家は、久邇宮邦彦、梨本宮守正、朝香宮鳩彦らの祖父である。つまり伏見宮は久邇宮らの本家だった。伏見宮の別荘は、図書館から来の宮神社方面に出て梅園入口の手前を山側に上っていく途中にあった。現在は「ホテル・パイプのけむり」となり、かつての建物の一部が食堂として残っている。外見は和風であるが、中は洋風のレストランだ。現在、二階は未使用だが、熱海の海が見わたせるという。雪が積もった静寂な庭が往時をしのばせる。

熱海梅園　伏見宮別荘のあった「ホテル・パイプのけむり」を海側に下ると、熱海梅園

旧伏見宮別邸（ホテル・パイプのけむり）

の入口に出る。

梅園は明治十九年に、生糸商人として台頭し、横浜松坂屋の創業者としても知られる茂木惣兵衛が開設した。明治二十一年に皇室に献上されて熱海第二御料地、第三御料地に編入され、昭和二十二年に宮内省から皇室財産税として物納されて皇室財産となった。その後、市への払い下げ申請をし、昭和三十五年に大蔵省から熱海市に無償で渡され、今日に至っている。

園内には韓国庭園や美術館なども設置され、市民の憩いの場としてのみならず、熱海観光の名所の一つとなっている。

熱海の紅梅と白梅は、今上天皇が皇太子時代の昭和四十四年から献上されており、平成二十一年十二月十四日にも天皇誕生日に合わせて枝切りがなされて、市の職員が宮内庁に持参した。この時は、韓国庭園付近の早咲きの紅梅「八重寒紅」と白梅「冬至梅」が選ばれた。

6　須崎の和舟

三井海洋生物学研究所　下田市の須崎御用邸は昭和四十六年に完成し、昭和四十七年一月から利用された。相模湾にのぞむ高台に建てられ、本邸からは伊豆七島を望むこともできる。昭和天皇の海洋生物研究所も併設された。というより、もともとは昭和八年に設立された三井海洋生物学研究所があり、駿河湾の海洋生物に関する数多くの研究をしてきた場所であった。同研究所は三井六本家の一つである三井高修、通称「小石川さん」が運営し、戦前だけで欧文七〇、邦文二五の論文を発表した。研究所は昭和二十六年に閉鎖されたが、その建物の一部は今も御用邸内に残る。

宮内庁は、はじめ別の土地も物色していたが、結局、外洋に面して海洋研究にも適したこの地を選んだ。「静岡大学も海洋研究のために購入しようとした」といわれる。確かに、入り組んだ岬と茂った樹木のおかげで、外からは見えない。外洋に開けた三井浜は断崖に囲まれた天然の潮だまりとなっており、多くの海洋生物が棲息している。

昭和天皇の海洋研究

「昭和天皇はご自身で岩場を歩き、採収されました」という。熱心に岩場で海洋生物をさがす天皇の写真も残る。「陛下は季節ごとに御用邸に来られました。多い時は年に六回を数えます」。

昭和天皇がはじめて下田に来たのは皇太子時代の大正八年である。城山に上り、下田の歴史を当時の豆陽学校（現在の下田北高校）校長から聞いている。天皇になってからは、昭和二十九年に東京教育大学下田臨海実験場（現在の筑波大学下田臨海実験センター）を視察した。昭和四十七年以降、天皇は毎年、幾度も御用邸に滞在し、近隣の施設などを訪問したりしている。

「三八万平方メートルの敷地に、本邸や皇宮警察警衛隊、宮内庁車庫などがあります。本邸には居間や談話室があり、大きな窓から伊豆七島を一望できます。陛下の生物ご研究室もあります」という。

須崎在住の漁師だった小川旭さん夫妻が、御用邸ができた当時から昭和天皇のために下田湾や須崎港で、潜水器具をつけて珍しい海洋生物をさがしてきた。昭和六十一年二月に「珍しいカニ」を捕まえたところ、新種のアワツブガニであった。

とりわけ天皇は相模湾の陽光と新鮮な空気を浴びながらヒドロゾアの研究を続けたことで

知られる。天皇自身、須崎御用邸での非公式会見で「もし皇位を継がなければ、生物学をやっていただろう」と語ったほど、熱心だった。

昭和天皇は海洋生物のみならず、須崎の植物研究にも関心を持った。その成果の一つが『伊豆須崎の植物』で、昭和五十五年に生物学御研究所編で保育社から刊行された。天皇はその序文で、こう書いている。

『伊豆須崎の植物』

昭和四十七年から毎年須崎へ行くようになったが、冬と春と夏には旬日を、秋には数日をそこで過ごしたにすぎない。それでも、そのたびごとに須崎の自然を十分に楽しむことができてしあわせに思っている。

那須で植物を調べはじめたのは大正の末年であり、連続して調査研究に身を入れるようになったのは、昭和二十二・二十四年ごろからであるが、この須崎別邸附属地で植物調査をすることになったのは昭和四十七年からのことである。

天皇によれば、須崎やその近傍の南伊豆は暖流の影響を受けて、暖地、すなわち亜熱帯植物あるいは海岸植物が繁茂しており、そのため須崎の植物は那須とは異なり、高知県の足摺岬に似ている点が多いという。天皇は、皇居や那須で自然には見られなくて須崎で見られるものとして、リュウビンタイ、マツザカシダ、コクモウクジャクなど二十数種を列挙する。そしてこうまとめる。

生態的におもしろいのは、多くのシダ類が常緑であり、ビナンカズラが紅葉することである。須崎では、一月十九日にタチツボスミレの花が咲いている光景を見た。

さらに天皇はペリーが下田に来航した時に須崎の植物を採集したことにも言及する。

この須崎の近辺は、嘉永六年（一八五三）と翌安政元年（一八五四）にペリー提督が東インド艦隊司令長官兼遣日特派大使として来航のとき、随行してきたウィリアムズ氏とモロウ博士とが安政元年四月下田に上陸して附近の植物を採集した地域である。

昭和五十年に訪米した際に、天皇はニューヨーク植物園にて、すでにこのペリーの標本の一部を調査研究していたのである。

序文の最後で、天皇は自然保護の必要性を強く訴える。

近年、マツノザイセンチュウによる被害が各所で起きているが、この附属地にも被害が及んでいる。扇田およびその他の場所で、被害のあった松の木を切り倒したあとを見た。美しい緑を守るためにも、松の枯損を防いでゆきたい。

須崎へ行くと、ゆたかな光の中に身が浸る思いがする。空の色も海の色も心にしみて澄みとおるように感じる。自然が新鮮で生き生きとしている。私は須崎へ行くたびに、植物の調査を続けて、その植物相を正確にとらえたいと思うと同時に、この地域全体の環境保全のために周囲の自然をいつまでも美しく保ってゆきたいと思っている。

公私の活動　生物研究ばかりではなく、昭和天皇は須崎で公務も努め、私的活動も楽しんだ。「火曜と金曜には、内閣の事務官が書類を持ってやってきます。その日のうちに決済しなければならないので、鉄道事故などがあったりすると事務官は往復するのに苦労したようです」。

昭和六十二年六月には、前年十一月の三原山噴火災害の被害状況視察と島民や関係者の見舞いのため、下田市内から陸上自衛隊の貴賓用ヘリコプターである「スーパーピューマ」で伊豆大島へ渡った。同日夕方、東海汽船の高速艇「シーガル」で下田にもどっている。現地で、天皇は「溶岩流はハワイの火山と似ているのか」「筆島の海水の色が変わった理由は?」などと熱心に質問している。なお、当時は天皇や皇族が自衛隊の貴賓用ヘリコプターの輸送対象となっていなかったため、この時に政府は閣議にて自衛隊法施行令を改正し、皇族も利用できるようにした。

公務ばかりではない。昭和天皇が七十六年ぶりにハレー彗星を見たのは、須崎御用邸の屋上であった。昭和六十一年三月十八日、口径二〇センチの反射望遠鏡や観鳥用の双眼鏡を使って、南東の空の仰角一〇度余りに尾を引いて輝く彗星を八分ほど観察した。昭和天皇は「明治四十三年と今回と二度見ることができたことを幸運と思っている。前回は子どもの時だったが、今回はかなり予備知識を得て観察できたので興味深かった」と語った。

須崎の歌も多く詠んだ。「潮ひきし須崎の浜の岩の面みどりにしげるうすばあをのり」は昭和五十九年の歌会始の作である。題は「緑」。昭和六十三年一月十二日の歌会始には欠席したが、須崎御用邸から帰京の列車内で、分割民営化で消えゆく国鉄と祖父・明治天皇を思って詠んだ「国鉄の車にのりておほちちの明治のみ世をおもひみにけり」の歌を出した。

好まれなかった須崎付属邸　「皇太子時代の今上陛下ご夫妻は、浜に下る途中にある附属邸に滞在されました。瀟洒な洋風建築で、三井の別荘を改築したものです」。「噂なので、なんともいえませんが、どうも虫がでたというので、印象が悪かったようです」。たぶん、ゴキブリだろうという。附属邸は海岸近くの森の中にあるので虫もでるだろうし、住み心地も悪いのではないかとささやかれている。

「昭和九年に造られたものを改築したので、本邸とは比べものにならないでしょう」。昭和天皇夫妻は、より高い日当たりのよい場所に新築された本邸に滞在したが、皇太子一家は海岸近くの附属邸で過ごした。そのためだろうか、皇太子時代、一家はあまり須崎を利用しなかった。昭和五十九年当時、『朝日新聞』も「使われない御用邸」と指摘した。

皇太子ご一家の避暑のため、伊豆・下田に設けられている須崎御用邸付属邸は今夏もまた、使われずに終わる。

同付属邸は、天皇、皇后両陛下の須崎御用邸新設と同じ昭和四十七年に、約四九〇〇万円をかけて旧三井財閥の別荘を増改築したもので、鉄筋コンクリート造り二階建て、地下一階、延べ約九〇〇平方メートル。

しかし、これまでお使いになったのはわずかに四十七年六月（一泊二日）、四十八年三月（同）、同年七月（二泊三日）、五十四年七月（三泊四日）、五十七年七月（四泊五日）の五回だけ。

この年の夏も利用する予定があったが、突然取りやめとなった。理由は、東宮職が調べたところ邸内の湿気とカビがひどいので使える状態ではないことが分かったからという。『朝日新聞』は「家屋は使わなければ傷むのが当然だ。さらに五十七年夏にお使いになった直後、東宮職では、湿気のひどい地下室の改造など十項目の改善要求をまとめたのに、その書類を宮内庁に出し忘れ、予算要求もされないままになっていた」と厳しく追及した。

さらに「同付属邸はすぐ前が海で、『ご一家の海水浴場』になるはずだったのだが、水深が浅く岩場も多いことから『不向き』と敬遠されているのも、使われない理由の一つらしい」とも指摘する。

この当時、皇太子一家は奥浜名湖で水泳を楽しんでいた。昭和四十七年（五泊六日）、四十八年（二泊三日）、五十二年（二泊三日）、五十三年（五泊六日）と、須崎よりその日数は多い。確かに浜名湖のほうが遊泳に適していたのだろう。

「軽井沢のほうがお好きだったのでしょうね。お二人の出会いの場所でもあったし、ご友人関係も多かったようです」と、教えてくれる人がいた。『朝日新聞』も、「それにしてもせっかく、国民（国費）が皇室用におつくりした御用邸である。もっと活用の道が考えられないものだろうか。ご一家は今夏も、軽井沢のホテルで過ごされる」と締めくくっている。

平成皇室と須崎　平成になって天皇となり、一家はしばしば夏の須崎に滞在するようになった。「ご即位後、はじめて来られたのは平成三年（一九九一）四月二十六日です。九年ぶりでした」という。皇太子時代をふくめて六度目であった。美智子皇后と独身の紀宮が一緒だった。特別列車で約三時間半かかった。伊豆急下田駅では市長や賀茂近衛会、地元の老人会、一般市民ら数百人が万歳三唱と日の丸の小旗を振って出迎えた。

「昭和天皇以来、三年ぶりの皇室のご訪問でした。一時は、御用邸はなくなるのではないかとの噂も流れました。それだけに歓迎のムードは高まりました」と、多くの人が当時の下田の雰囲気を語る。天皇の希望で、警備のロープがはずされたという。平成流だった。沼津署の婦警の一人は「無事に任務を果たせてホッとした様子」だったという。

滞在中の天皇は皇后や紀宮とともに、二十七日に初代駐日総領事のタウンゼント・ハリスが駐在した玉泉寺を、二十八日に爪木崎《つめぎざき》の「昭和天皇の歌碑」や灯台を、二十九日に須崎港での水揚げ風景を見学したりした。須崎港では昭和天皇の生物採集ために潜水した小川旭さん（当時62）にも会って、「昭和天皇がいろいろお世話になりましたね」ねぎらった。そして三十日に帰京した。

平成七年から十一年までは、皇太子一家も、秋篠宮一家も、独身であった紀宮も合流して、天皇家一家全員が本邸に滞在した（平成十年だけ天候不良のため、皇太子一家だけ来邸予定が中止となった）。その後は、香淳皇后崩御や雅子妃の出産問題もあって、やや須崎から遠ざかった感があったが、平成十四年八月には天皇皇后、皇太子一家、秋篠宮一家が久々に揃った。天皇皇后は皇太子時代からは十五回目、即位後十回目の来邸であった。前年十二月に生まれたばかりの愛子内親王も雅子妃に抱かれてはじめて須崎を訪れた。

「皆さん、ご一緒の日には参りません。天皇さま、皇太子さま、秋篠宮さま、それぞれ違った日に来られて、違った日に帰られます。万が一の事故に備えてでしょうね」と、教えられた。確かに、来邸の日も、帰京の日も、一日から数日異なっている。同じ日でも違う電車に乗るなどしている。

天皇一家の須崎滞在は平成十五年以後、下火となった。平成十七年に結婚を目前にした天皇皇后が紀宮と滞在したのを最後に、天皇家一家が須崎で集うことはなくなった。この滞在

平成14年8月26日　浜辺でくつろがれた天皇、皇后両陛下と皇太子ご一家、秋篠宮ご一家

の時、天皇皇后は、紀宮の鳥類調査研究の仲間の自宅に挨拶に行っている。天皇皇后が一般市民の家で長時間過ごすのは異例のことであった。

下田市しあわせ会　「三井浜の掃除は私たちが担当しました」と、下田市しあわせ会の代表である村田治重さん（79）は語る。三井浜は下田市の須崎御用邸にある皇室のプラベートビーチである。かつて三井海洋研究所があったことから名づけられた。天皇皇后はじめ皇太子一家が御用邸に来る時には、しあわせ会の人たちで、浜に打ち上げられた流木や壜缶などを拾った。「近くに海水浴場もあるし、入江になっているので、結構、流れてきます」。そんなに広い砂浜ではないが、それでも人海戦術が必要らしい。「ご来邸する二週間前に一日かけて私たちがやります。浜だけです。あとは、お出迎えとお見送りを、御用邸と駅でします」。

村田さんは、もとは石廊崎の有用植物園の職員で河津桜の普及活動をしていた。昭和六十一年（一九八六）二月十五日、皇太子時代の今上天皇と美智子皇后が第三十五回関東東海花の博覧会に行啓した際に、伊豆新興センター南伊豆農場長として展覧コーナーの説明を担当した。そして退職後の平成七年七月十二日に須崎御用邸滞在中の今上天皇、皇后、紀宮に「ユウスゲ」について進講をした。天皇皇后は村田さんを覚えていた。「陛下はいつもにこにこしていて、親しみやすいので、あまり緊張しないで話せました。ただ、陛下のほうがお詳しくて冷や汗をかきました。皇后さまは河津桜のご質問をされました。そんな陛下との関係から、しあわせ会に誘われたのです」と、村田さんはなつかしそうに話す。

しあわせ会の発足は、須崎御用邸が完成した翌年の昭和四十七年二月二十二日である。昭和天皇と皇后の行幸啓を男四人、女三人の計七人で出迎えた。平成十四年には会員数五十一人となるが、以後は漸減し、平成二十一年二月に休会が決定した。理由は、会員の高齢化という。平成二十二年三月二十六日に、五年ぶりに天皇皇后が須崎御用邸に滞在し、この時は十五人が三井浜の清掃を行った。しかし、若い人の参加はなく、今後の活動も不明確である。「昔はタバコをいただきましたが、今度の行幸では菊紋の和三盆です」「お待ちしても中止になったりして」と、村田さんは時代の変化を語る。

賀茂近衛会　須崎での出迎えや見送りには、三井浜会や賀茂近衛会も参加する。三井浜会は皇宮警察の支援団体で、清掃などのボランティアではなく、若い皇宮警察官たちの世話をする。賀茂近衛会は、賀茂郡出身の旧近衛兵の同窓会組織である。「私は最後の近衛兵でした。終戦の時に、近衛連隊の一部の将校が、いわゆる『玉音盤』を奪取しようとして宮内省の人たちを閉じ込めたりしたので、戦争直後は少し煙たがれましたが、今は皇居の清掃奉仕などをしています」と、精悍な顔立ちの土屋健児さん（85）は笑う。「近衛兵の条件は？」と聞くと、「身辺調査はあったようです」という。容姿も重視されたようだ。

「皇居の清掃で陛下とは何度か会っておりますので、先日、須崎にお越しになられた時も、親しくお声をかけていただきました。万歳三唱の発声は私がしました」と、平成二十二年に下田駅コンコースで出迎えた時の写真を見せてくれた。

平成二十一年、今上天皇は次男の秋篠宮一家と神奈川県の葉山御用邸で夏を過ごした。その時、将来の男子皇位継承者である悠仁親王を乗せて和舟を漕いだ。それは、かつて幼少の浩宮を乗せて奥浜名湖で遊んだ風景に似ていた。

「須崎では和舟を漕がないのですか」と御用邸に尋ねてみた。「陛下から和舟のお問い合わせはありましたが、舟が老朽化しておりまして」との返事だった。現在、須崎への皇室の来邸は皆無に近く、爪木崎の「昭和天皇の歌碑」の側には、愛子内親王誕生の「記念碑」がぽつりと建っている。愛子内親王は誕生後に一度来て、平成二十二年八月四日、両親の皇太子夫妻とともに八年ぶりに御用邸に入った。悠仁親王の来邸はまだない（表16）。

表１６　皇室の須崎御用邸訪問

和暦	西暦	昭和天皇		今上天皇		皇太子夫妻		秋篠宮夫妻		備考
		回	日	回	日	回	日	回	日	
昭和47	1972	4	28	1	2					
48	1973	6	45	2	5					
49	1974	1	9							
50	1975	3	35							
51	1976	3	24							
52	1977	4	34							
53	1978	1	7							
54	1979	3	28	1	4					
55	1980	3	26							
56	1981	4	36							
57	1982	3	28	1	5					
58	1983	4	38							
59	1984	4	35							
60	1985	3	27							
61	1986	3	30							
62	1987	2	24							
63	1988	2	17							
平成1	1989									昭和天皇崩御
2	1990									秋篠宮結婚
3	1991			1	6					
4	1992			1	5					
5	1993									皇太子結婚
6	1994			1	5					
7	1995			1	8	1	3	1	4	
8	1996			1	8	2	8	1	4	
9	1997			1	8	1	4	1	4	
10	1998			1	6	中止		1	4	
11	1999			1	8	1	4	1	4	
12	2000									香淳皇后崩御
13	2001			1	5			1	4	愛子内親王誕生

14	2002			1	7	1	3	1	4	
15	2003			中止						
16	2004			1	5			1	3	人格否定発言
17	2005			1	5					紀宮結婚
18	2006									悠仁親王誕生
19	2007									
20	2008									
21	2009									
22	2010			1	3	1	5			皇太子一家8年ぶり
総数		53	471	18	95	7	27	8	31	

『静岡新聞』より作成

平成 21 年 9 月 14 日午前葉山御用邸前の海で、悠仁親王を乗せ、和舟をこぐ今上天皇　神奈川県葉山町（代表撮影）

爪木崎の愛子内親王碑

おわりに

静岡は明治以後の皇室にとって東京や京都に次ぐ特別な地であり、天皇や皇族が東京に次いで一番足を運んだ場所といわれる。

その理由は、第一に東京と京都を結ぶ東海道の中間に位置し、天皇や皇族が全国への行啓などのおりに通過したり立ち寄ったりすることが多かったことにある。しかも遠江、駿河、伊豆の三地域が、本来は三県に匹敵する広さであり、ここを通過する際に関わる頻度も高くなる。そのことは、東海道五十三次のうちの二十二宿があり、新幹線の駅も六つあることなどからも想像できよう。

第二に温暖であり、東京からほどよい距離にあって自然が多く残るという豊かな地域性のため、皇室はじめ政財界要人たちの別荘が多かったこと。明治以後の皇室の御用邸だけでも、静岡御用邸、熱海御用邸、沼津御用邸、須崎御用邸と数多くあり、皇族の別荘も、小松宮の楽寿園はじめ、熱海には伏見宮、久邇宮、梨本宮、朝香宮などの別邸があった。政財界要人の別荘はさらに多く、そこにしばしば天皇や皇族が訪れた。

第三に、徳川家の旧領地であったことも大きい。大政奉還によって徳川家から政治権力を譲られた明治以後の皇室は、徳川とゆかりの深い静岡県域をとりわけ意識していた。そのためか皇室の来県は慎重で丁寧なものがあった。皇室を迎える静岡側も相応の準備と態度を余儀なくされた。こうした緊張関係が、かえって近代皇室と静岡とを強く結びつけた。皇室と徳川という新旧の権力が、静岡の地で和解し融合していった。静岡は皇室にとって特別な意味や重要な価値を持った地域だった。

このように明治から平成にかけて皇室が深く関わってきた静岡であるが、今後の関係はどうなるのであろうか。現在でも各種行事のたびに天皇皇后はじめ皇太子、秋篠宮など皇族の方々の来県がある。また新茶や鰹節、柑橘類など静岡の特産物の皇室への献上は例年続いており、県民と皇室との絆に大きな変動はない。しかし、須崎御用邸の利用はあまりなく、県内滞在日数も減っているようだ。皇室にとってかつてほど静岡が特別な県ではなくなったようにも思われる。すでに徳川旧領としての性格を失った静岡に対する緊張感の喪失ゆえなのだろうか。

今後、将来の天皇と想定されている悠仁親王の母系の実家が静岡であることもあり、いずれまた静岡がクローズアップされるようになるのだろうか。これからの皇室の歩みとともに気になるところである。本書が皇室と静岡の未来のあり方を考えるための一助となれば幸いである。

本書の執筆にあたっては多くの方々のご援助をいただき、個人名のほか利用した史料や文献などは可能な範囲で本文に記しました。諸施設や団体では、浜松市役所、浜松市北区役所（旧細江町役場）、金原明善記念館、島田市博物館、山田写真館、清見寺、坐漁荘、水口屋ギャラリー、富士市市役所、神山復生病院、秩父宮記念公園、大中寺、沼津市明治史料館、沼津御用邸記念公園、三島市楽寿園、三島市市役所、長円寺、松雲寺、熱海市市役所、熱海市立図書館、ホテル・パイプのけむり、須崎御用邸、湯河原光風荘、箱根離宮公園、箱根町立郷土資料館、強羅花壇、富士屋ホテル別館菊華荘などの皆様にお世話になりました。紙上を借りて重ねてお礼申しあげます。万が一、不備や遺漏があればご一報ください。

なお、小笠原康晴さんはじめ松岡雷太さんほか静岡新聞社の皆様には、『静岡新聞』連載当時から取材先との連絡など多くのご尽力をいただきました。記して謝します。

小田部　雄次（おたべ・ゆうじ）
1952（昭和27）年6月東京生まれ。85年立教大学大学院文学研究科博士課程単位取得。立教大学非常勤講師などを経て、現在、静岡福祉大学福祉心理学科教授。専攻は日本近現代史。著書に『徳川義親の十五年戦争』（青木書店）、『梨本宮伊都子妃の日記』（小学館、のち小学館文庫）、『ミカドと女官』（恒文社21、のち扶桑社文庫）、『四代の天皇と女性たち』（文春新書）、『家宝の行方』（小学館）、『華族』（中公新書）、『李方子』（ミネルヴァ書房）、『皇族に嫁いだ女性たち』（角川選書）、『皇族』（中公新書）ほか多数。現在、『皇室の20世紀』（小学館）にて「皇室の博聞」を連載中。

皇室と静岡

静新新書　039

2010年 9 月21日初版発行

著　者／小田部　雄次
発行者／松井　純
発行所／静岡新聞社
〒422-8033　静岡市駿河区登呂3-1-1
電話　054-284-1666

印刷・製本　図書印刷

・定価はカバーに表示してあります
・落丁本、乱丁本はお取替えいたします

ISBN978-4-7838-0362-1 C1230